# LA VÉRITÉ

SUR

# LA COLONISATION

DE

# L'ALGÉRIE.

Sint autem verba vestra :
est est, non non.
ÉVANG. *St.-Math.*

**MARSEILLE,**

IMPRIMERIE DE MARIUS OLIVE, RUE PARADIS, 47.

⟨⟶⟩

Juin 1846.

# PRÉFACE.

~~~mmmm~~~

Au commencement de l'année 1840, c'est-à-dire peu
de temps après la prise d'armes d'Abd-el-Kader, dont je
ne croyais pas avoir prédit si juste la tenace résistance,
j'avais entrepris d'écrire quelques lignes sur la nécessité
de trouver un moyen de mettre fin aux hostilités autrement que par les armes et de se hâter de coloniser notre
conquête, si nous voulions n'avoir pas fait en pure
perte d'énormes sacrifices d'hommes et d'argent. ( Je
voulais adresser cet écrit à M. L....., député qui n'était
pas alors sans influence). De nombreuses occupations
dans les doubles fonctions dont j'étais chargé ne me per-
mirent pas de terminer les réflexions que je voulais pu-
blier, et plus tard, lorsque, placé dans un poste où j'avais
le loisir nécessaire, j'aurais pu livrer mon travail à l'im-
pression, je n'en fis cependant rien, parce qu'au milieu
du débordement d'écrits, d'articles de journaux et de bro-
chures qui nous inondaient, je pensai que mes réflexions,
noyées dans ce déluge, seraient fort inutiles.

L'Algérie, d'ailleurs, grâce à l'habileté de son gouverneur, dont l'activité prodigieuse et les incontestables talents,
sous le double rapport de la guerre et de l'administration,
avaient ramené la sécurité, si fort compromise avant lui,
l'Algérie, dis-je, commençait une ère de prospérité. Ce
n'était donc pas le cas, à mon avis, de présenter des
idées nouvelles et de tenter d'autres essais parce que rien
ne compromet autant la marche du progrès, que le défaut
de persévérance dans un plan une fois adopté. L'homme
le plus habile ne saurait créer spontanément un système
parfait.

C'est l'expérience, c'est le temps, ce sont les circonstances qui doivent, pas à pas et sans secousses violentes,
amener les changements et les modifications devenues
indispensables.

A Dieu seul appartient la puissance de la perfection.

Mais aujourd'hui que tout est de nouveau remis en
question, aujourd'hui que les événements ont justifié mes
prédictions; aujourd'hui que chacun cherche à faire pré-
valoir ses idées; aujourd'hui qu'il est plus dangereux que
jamais de ne pas adopter un système qui ne soit pas sur-
le-champ le meilleur; aujourd'hui que l'Algérie est menacée
par les faiseurs de Paris de voir son avenir compromis,
ruiné peut-être par des règlements, excellents sans doute
pour une société faite à l'esprit de ces règlements, mais
dangereux pour une société qu'il faut créer; aujourd'hui
garder le silence ce serait agir en mauvais citoyen, même
avec la certitude de n'avoir pas un seul lecteur.

Il ne s'agit point, en effet, pour moi d'une affaire d'intérêt ou d'amour-propre, si tant est que cet écrit contienne quelques vues utiles; mais il s'agit de dire ce que je crois être la vérité. C'est peut-être pour cela que je ne serai pas écouté, car ainsi que je le rappelais ailleurs il y a vingt ans,

> L'homme est de glace aux vérités
> Il est de feu pour le mensonge.

Mais qu'importe après tout? Cette triste considération ne doit jamais arrêter l'homme de bien, quoiqu'il sache qu'on ne reconnaîtra qu'il avait raison que quand la tombe aura reçu sa dépouille mortelle.

Dans le cours de cet écrit, j'ai blâmé les choses et non les personnes; j'ai combattu les principes et non les individus. On fait le contraire en France, car c'est le moyen d'avoir des lecteurs. On ne tient aucun compte à l'illustre Gouverneur de l'Algérie de tout le bien qu'il a fait, de toute l'activité qu'il a déployée, de tout le talent dont il a fait preuve, de toutes les fatigues qu'il a si courageusement supportées. L'envie et la jalousie, ces ignobles passions qui ne s'attaquent jamais qu'aux hommes doués d'un grand mérite, ont déchaîné leur fureur contre lui. Toutes les armes ont été trouvées bonnes pour le combattre et le renverser, même celles qui peuvent compromettre à jamais notre existence en Algérie. On s'est efforcé de semer sur le chemin qu'il poursuit avec tant de gloire, tous les obstacles qui pouvaient arrêter sa marche. On a tâché de soulever contre lui l'amour-propre ou les susceptibilités de ses lieutenants. On a flatté l'armée afin de porter des coups plus assurés à son chef en détachant sa cause de celle du soldat et détruire par ce honteux moyen l'affection et le dévouement de cette brave et patiente armée. Enfin, il n'est rien dans la conduite du vainqueur d'Isly qui n'ait été l'objet de la critique la plus amère et la plus injuste. Parmi ces colons d'Alger et d'ailleurs, qui doivent au Maréchal Gouverneur, leur sécurité, leur bien-être et leur fortune, aucune voix ne s'est élevée pour protester en sa faveur contre la presse parisienne! Il ne manque donc rien à la gloire du Maréchal, pas même cette ingratitude de tous les temps et de tous les lieux qui fut toujours la récompense du bienfaiteur.

Etranger par mes opinions à M. le duc d'Isly, comme il sera facile de s'en convaincre en lisant cet opuscule, on ne pourra m'accuser de flatterie à son égard. Mon nom est trop obscur pour lui venir en aide, et si je le cache c'est afin qu'on ne m'attribue pas des vues intéressées. Ce que je pense, je le dis, quoiqu'il m'en coûte. *Amicus Plato, amicus Aristoteles, sed magis amica veritas.*

Les amis qui me reconnaîtront à cette citation que je ne fais que pour eux, et le nombre en sera bien petit, pourront rendre témoignage de la sincérité de mon cœur.

Le lecteur, si cela lui convient, pourra donc se dispenser de lire la première partie de l'ouvrage, partie qui n'a jamais été terminée. La seconde partie, celle que je viens d'écrire en ce moment, a seule le mérite de l'actualité comme on dit *élégamment* aujourd'hui.

# PREMIÈRE PARTIE.

Au moment où la guerre vient d'éclater contre un chef de barbares dont les manifestes sont des assassinats, ces considérations sur l'Algérie ne sont peut-être pas de saison, puisqu'il s'agit moins, aujourd'hui, de raisonner et de chercher le meilleur mode de colonisation, que de combattre et de venger l'insulte faite à notre drapeau. Cependant, monsieur, je crois devoir vous adresser ce petit essai que je n'ai pu vous envoyer plus tôt, parce que je voulais que toutes les observations qu'il contient, que toutes les réflexions que ces observations ont amenées, eussent en quelque sorte reçu la consécration du temps, car c'est avec raison que l'on doit se défier d'un travail trop précipité, fait à la hâte et de première vue, sur tout ce qui concerne et l'administration civile et l'administration militaire dans un pays neuf pour nous, où les communications sont si difficiles et nos relations avec les indigènes si restreintes.

D'ailleurs, lors même que ce travail vous aurait été remis un mois plus tôt, il aurait été toujours sans importance et sans but pour le moment actuel, puisqu'on aurait été dans l'impossibilité de mettre en usage quelques-unes des idées qu'il renferme, si ces idées paraissent utiles et praticables à ceux qui peuvent les employer.

La levée de boucliers d'Abd-el-Kader y mettrait obstacle pour le moment.

Nous devons sans doute déplorer, monsieur, le sang répandu, la perte de tant de braves soldats et la ruine de nos imprudents et malheureux colons; mais nous retirerons de ce désastre lui-même un avantage en ce qu'il nous donne une leçon utile, et que nous pouvons maintenant agir comme si nous étions au principe de la conquête, du moins quant aux provinces dont la possession nous est contestée ou qui se trouvaient dans une position équivoque.

Ce qui se passe en ce moment, l'explication en forme de manifeste que donne Abd-el-Kader de sa perfide conduite, est, si je ne me trompe, la preuve la meilleure qui puisse venir à l'appui de mes idées sur la colonisation de l'Algérie et sur la fusion plus ou moins éloignée du peuple vainqueur avec le peuple vaincu.

En effet, monsieur, quel est le prétexte que fait valoir Abd-el-Kader pour autoriser sa prise d'armes? la Religion! Je dis prétexte et non pas motif, parce qu'en effet, ce n'est qu'un prétexte pour voiler aux yeux des siens son ambition. Il sait qu'il s'adresse à des hommes qu'il ne peut soulever contre nous qu'au moyen de ce puissant levier. Toute autre raison donnée à la guerre serait sans force sur l'esprit des Arabes, dont la masse est, par le fait, fort indifférente pour telle ou telle domination. Celle des Turcs en est la preuve, puisque avec quelques poignées de soldats, ils maintenaient dans l'obéissance toute la population de l'Algérie, et quant à Constantine, les révolutions de palais se faisaient sans que le peuple s'en émût le moins du monde.

Il résulte de ces réflexions, dont la vérité ne saurait être contestée, que l'Arabe de tout le nord de l'Afrique obéira toujours sans murmure au pouvoir, mais au pouvoir énergique, dont les principes religieux ne lui feront pas ombrage.

L'Arabe n'a point l'esprit national proprement dit. Il ne se connaît pas de patrie; il ne connaît que sa tribu, que son douair même, et chaque douair forme comme une petite république à part, que rien ne lie avec les autres.

Il est donc évident que, dans cette situation politique du pays, je pose un principe incontestable en disant : *que tous les Arabes obéiront sans murmure au pouvoir qui ne fera pas ombrage à la seule chose à laquelle ils tiennent : la Religion.*

Je sais très bien que le respect professé jusqu'à présent en public pour tout ce qui touche à l'islamisme aurait dû les convaincre que nous ne cherchons point à leur ôter leurs croyances, à les gêner dans l'exercice de leur culte ; mais vous n'ignorez pas, monsieur, combien il est difficile de rassurer les masses, surtout quand il y a des chefs puissants intéressés à ce que ces masses conservent leurs craintes, parce que c'est le seul moyen qu'ils aient d'arriver au pouvoir ou de reconquérir celui qu'ils ont perdu. N'est-ce pas ainsi que les choses se passent chez nous, où l'idée fixe, l'idée dominante, est celle de la liberté, que le peuple croit en péril parce qu'il y a des gens titrés qu'il appelle nobles, et des gens riches, qu'il appelle des oppresseurs? Et ne voyez-vous pas tous ceux que la soif du pouvoir dévore se servir habilement de cette idée dominante pour pousser les masses dans des entreprises extravagantes et criminelles où tout, pour elles, est à perdre et rien à gagner.

Telle est, monsieur, la cause véritable, la cause unique pour laquelle l'Arabe repousse notre domination et la rendra toujours précaire; plus tard, peut-être, y en aura-t-il une seconde, si quelque chef habile, comme Abd-el-Kader, parvient à créer une espèce de nation.

Je regarde comme impossible de lutter contre cette opinion de la masse, quoique quelques hommes riches, indépendants par leur position, se soient ralliés franchement à nous et soient bien convaincus que nous ne voulons nullement les troubler dans leurs croyances; ces hommes eux-mêmes sont la preuve de ce que j'avance : aucun d'eux, pendant le Ramadan qui vient de finir, n'aurait osé rompre le jeûne rigoureux que leur prescrit le Koran. Et cependant, il n'y a là personne pour surveiller leur conduite, point de muphti qui s'introduise dans l'intérieur des familles pour s'assurer de ce qui s'y passe, point de prêtres pour intimider ou diriger la conscience au moyen de la confession. D'où vient donc ce respect pour la loi religieuse, même chez l'homme qui, dans le fonds, a secoué le joug de quelques articles du Koran?

De la foi vive de la masse du peuple et de l'esprit logique qui préside à la foi moins vive des hommes plus éclairés.

Ces hommes pensent avec raison qu'ils auraient bientôt détruit cette religion qu'ils croient absolument nécessaire, s'ils ne témoignaient pas pour elle, en tout et partout, le même respect que lui porte la multitude moins éclairée.

Dans toutes ses relations avec les indigènes, le Gouvernement ne s'est pas éloigné d'une ligne du respect qu'il avait promis pour les croyances religieuses du peuple conquis, et sous ce rapport, on ne pourrait, sans injustice, lui faire le moindre reproche. Mais qu'est-il résulté de cette conduite? De la confiance? Pas la moindre, et j'en prends à témoin ici ce qu'un chef arabe disait un jour au général..... qui le répéta devant moi :

« Vous autres , Français , vous ne croyez à rien , et vous vous
« imaginez nous rassurer beaucoup par cette incrédulité
« monstrueuse. »

Voilà qui dit tout , monsieur ; pesez bien ces paroles, et vous
y verrez la condamnation de notre système d'indifférence.

Le peuple arabe déteste , sans contredit, les chrétiens et les
juifs, mais il méprise les païens : c'est le titre qu'il nous donne ,
et vous savez que la haine est moins déshonorante que le mépris, parce qu'elle suppose une certaine estime.

Douterez-vous de ce que j'avance , quand je dis que les Arabes nous méprisent parce qu'ils nous considèrent comme des
païens ? Voyez ce qui se passe :

Nous avons un évêque et quelques prêtres dans la capitale
de l'Algérie , nous avons des curés à Constantine, à Philippeville ; à Bône, quelques religieuses, bravant avec intrépidité les
fatigues , les misères et les maladies, sont venues au secours
de toutes les souffrances n'ayant pour appui que leur charité
religieuse, avec laquelle elles opèrent des prodiges. Eh bien !
consultez tout le monde dans ce pays, et chacun vous dira que
nos prêtres et nos religieuses sont environnés de respect , et
que les Arabes les regardent avec une vénération telle qu'une
simple parole de leur part inspire plus de confiance que les actes du gouvernement (1).

Comment n'en serait-il pas ainsi quand l'Arabe se voit jour-
nellement en butte au mépris, aux outrages , à l'insolence , au
despotisme de chacun de nous, depuis le soldat jusqu'au général , malgré la solennité des déclarations qu'on leur fait, que

(1) Le curé de Constantine a reçu d'un habitant, l'un des premiers de la
ville, une grande preuve de confiance. L'abbé Landmann va familièrement
chez cet habitant et tout-à-fait dans son intérieur.

l'on veut substituer le règne de la justice à celui du caprice et de la tyrannie (1).

Je sais bien que dans les occasions importantes et quand il s'agit d'un débat public qui peut fixer l'attention, si la justice se montre partiale, c'est plutôt en faveur des Arabes que des Chrétiens ; mais cette conduite si sage n'est pas imitée dans les rapports particuliers, et l'on ne cherche point à cacher son antipathie ou son mépris pour un homme qui vient de recevoir une récompense ou quelque témoignage de distinction de la part du gouvernement : c'est un Arabe, et c'est tout dire.

D'où viendraient, je vous prie, le respect et la confiance qu'inspirent nos prêtres, si ce n'est de l'estime qu'on a pour le caractère sacré dont ils sont revêtus, et que leurs actes ne démentent pas, et qui prouve aux yeux de tous la foi dont ils sont animés ? Comment la population arabe pourrait-elle douter de la sincérité de la croyance de ces chrétiens généreux, lorsqu'elle voit cette croyance inspirer tant de charité ?

Je puis donc de ces observations qui, sont vraies, faire découler un second principe, et le voici :

*L'Arabe se méfie de nous et nous méprise parce que nous nous montrons à lui sous les couleurs de l'incrédulité presque absolue.*

Il résulte de ces deux principes qu'aucun amalgame, qu'aucune fusion ne peut être opérée entre les deux peuples, tant que l'un n'entrera pas dans la croyance de l'autre, et je n'ima-

(1) Je dois répéter ici l'observation que j'ai faite plus haut, que le gouvernement, c'est-à-dire les autorités les plus élevées, traitent les Arabes nonseulement avec la plus scrupuleuse justice, mais encore avec les plus grands égards. Il est fâcheux, seulement, que les hommes placés au-dessous de ces hautes autorités, n'imitent pas leur sage conduite et se croient dispensés des convenances, lorsqu'il ne s'agit pas de relations officielles.

gine pas que nos esprits forts, qui rejettent les lumières si vives, les doctrines si pures de l'Evangile, veuillent nous faire adopter les rêveries mystiques et les principes dégradants et sensuels du Koran.

Il existe un autre moyen d'assurer notre domination en Afrique, sans être constamment sur le pied de guerre, et de manière à retirer un jour quelque fruit des sacrifices immenses que nous avons faits et que nous avons encore à faire soit en hommes, soit en argent; qu'on le dise et qu'on se hâte de l'employer, car il est temps de mettre un terme à ce luxe de sacrifices.

L'Afrique n'est et ne sera toujours pour nous qu'un vaste camp où viendra chaque année mourir inutilement, mais non pas sans un dévouement généreux, l'élite de notre jeunesse guerrière, tant que subsistera cette barrière infranchissable des mœurs arabes, si différentes des nôtres et qui sont le résultat obligé de l'islamisme. Il faudra partout presqu'autant de soldats que de colons, parce que deux peuples si différents ne sauraient vivre en paix sur le même sol (1).

Un tel état de choses serait trop onéreux pour la France pour qu'elle puisse le supporter longtemps, et l'on ne saurait, en agissant ainsi, voir dans un avenir, même éloigné, quelle serait la récompense de tant de travaux.

On a parlé, l'on parle même encore de repousser dans le désert toute la population mahométane.

Je ne sais jusqu'à quel point un tel projet serait pratiquable et si ce n'est pas nous qui succomberions dans une telle lutte

(1) Qu'on n'oublie pas que j'écrivais ces paroles en 1840. On peut voir que je ne me trompais pas alors, car si nous avons aujourd'hui près de cent mille colons, nous avons aussi près de cent mille soldats.

qui réunirait en un seul faisceau tous nos ennemis ; mais ce que je sais bien, c'est qu'un tel projet est au moins étrange au 19<sup>me</sup> siècle qui se pique de tant de philanthropie et qui veut employer la civilisation comme moyen d'améliorer la condition des hommes. Si c'est là que nous ont amené toutes nos belles théories sur la liberté, sur l'humanité, je n'ai plus rien à dire et nous n'avons plus qu'à faire partir nos bataillons sur les drapeaux desquels on inscrira pour adieux à la France : *Morituri te salutant.* Ils iront en effet porter le fer et la flamme partout où se présentera quelque chose à brûler, du sang à répandre, afin que la tourbe des spéculateurs en France partage ensuite cette terre ainsi dévastée.

Mais pourquoi donc, au lieu de ces moyens violents, n'emploierions-nous pas ceux de la persuasion ? Pourquoi ne pas permettre à nos prêtres de venir au milieu de ces populations si bien disposées pour eux, s'établir comme des bienfaiteurs et les gagner doucement, sans secousses, sans force brutale, mais par la douceur et l'éloquence ? Est-ce que la Religion n'est pas essentiellement civilisatrice ?

Croit-on que l'Arabe se soumettra plus aisément à nos lois qu'il ne comprend pas, à notre sabre qu'il ne comprend que trop, qu'à des hommes qui viendront lui révéler toute sa dignité, toute sa force, tous ses droits ? Croit-on que l'Arabe se montrerait longtemps insensible à la voix de celui qui lui dirait : Notre Religion est une Religion d'amour et de charité ; chez elle, à ses yeux, tous les hommes sont égaux en droits, et le monarque sur le trône n'en a pas plus que le pâtre.

La civilisation en dit autant, répondra-t-on ? Non, la civilisation n'en dit pas autant, car elle ne parle qu'au nom des hommes ; et les hommes sont sujets à l'erreur autant qu'au changement, tandis que la Religion parle au nom de

Dieu qui seul ne se trompe pas et ne change jamais. D'ailleurs la civilisation ne détruit pas, n'adoucit pas les maux qu'elle cause où qu'elle ne saurait empêcher, tandis que la Religion console de tout, parce qu'elle promet tout dans un avenir auquel nul ne peut échapper.

Est-ce à dire pour cela que je conseille de forcer les consciences ? A Dieu ne plaise qu'il en soit jamais ainsi ! De pareils moyens ne font que des hypocrites, ou ne suscitent que des ennemis. Mais pourquoi donc, puisque tous les cultes sont libres, ne pas laisser à nos prêtres la liberté d'aller annoncer Dieu aux nations (1)?

Que craint-on ? La mort pour eux ?

Ils ne la redouteront point, et le sang des martyrs a toujours étendu l'horison de la foi.

L'ambition du prêtre et l'amour du pouvoir ?

La loi qui régit l'état ecclésiastique chez nous est là pour répondre et s'assurer de la conduite du prêtre. Et d'ailleurs, un règlement approuvé par l'Église pourrait être combiné de manière à ce que, tout en ne transgressant rien de ce qui est du domaine de la croyance catholique, le prêtre missionnaire fût contraint de se renfermer dans les limites de la loi civile; c'est-à-dire qu'il ne pourrait contraindre personne à l'entendre, encore moins à se convertir. Chacun resterait parfaitement libre d'aller ou de n'aller pas entendre le missionnaire. La Providence seule y pourvoirait, et si quelque danger menaçait un converti de la part de ses co-réligionnaires irrités, la loi française serait là pour le protéger. Elle le ferait avec d'autant plus d'efficacité que la même protection serait accordée au Chrétien devenu Musulman.

(1) Ite , docete omnes gentes.

C'est une chimère impossible à réaliser, dira-t-on, et jamais Arabe n'écoutera vos missionnaires. Qu'en savez-vous ? Et que vous coûte-t-il de l'essayer ? Rien, absolument rien, qu'une permission à donner. *Laissez faire et vous verrez s'empresser d'accourir* des jeunes prêtres pleins d'ardeur et de dévouement, puisqu'il s'en trouve déjà pour aller dans les contrées les plus lointaines au milieu des peuples les plus barbares où nul secours ne peut les soutenir, nulle protection les atteindre.

Quand un Arabe a contracté des relations suivies avec l'un de nous, son dévouement et son amitié sont incontestables. A l'hôpital de Constantine, un petit Musulman sert d'interprète à nos religieuses et fait, avec une rare docilité, tout ce qu'on lui demande, ses parents ne se sont point enquis si l'on ne tenterait pas d'en faire un Chrétien, et tout fait présumer qu'ils ne regarderaient pas cela comme un malheur, parce qu'ils sont pleins de vénération pour des êtres à qui leur croyance religieuse inspire une si grande abnégation d'eux-mêmes. L'homme qui souffre et que l'on soulage ne saurait méconnaître le sentiment sublime qui dicte la conduite de son bienfaiteur, et l'idée seule qu'il s'en forme, le conduit un peu plutôt un peu plus tard de l'admiration à la reconnaissance et de la reconnaissance au désir de connaître une Religion qui fait faire tant de bien (1).

(1) Veut-on la preuve de ce que j'avance ? Il existe à Constantine une famille riche et considérée, dont le fils aîné s'est fait Chrétien. Le père reçoit chez lui les Français dont il connaît bien les mœurs et les principes. Son salon est orné de tableaux et de gravures qui représentent toute la Famille Royale, l'Évêque d'Alger, le portrait de Napoléon et celui de différents Saints. La fille aînée de cet Arabe, jeune personne parlant assez bien le français et l'écrivant même à ce que je crois, s'est placée sous la protection de la Sainte Vierge dont

Au surplus, je le répète, si ce projet est une folie, dans tous les cas elle n'est pas une de celles dont l'adoption entraîne au repentir, car elle ne coûtera tout au plus que la vie de ceux qui voudront bien se dévouer. Ceci ne regarde donc personne. Hélas, ne sacrifie-t-on pas quelquefois des milliers d'hommes pour une question de sucre et de café !... Que vous importe donc à vous, si prodigues du sang de malheureux qui voudraient bien rester à leurs charrues, que quelques hommes dévoués viennent faire entendre la parole de Dieu, sur les lieux mêmes où jadis fleurissaient les Tertullien et les Augustin !!!

Tout le profit sera pour vous ; toute la peine sera pour eux. C'est alors, mais seulement alors, que les Arabes comprendront notre civilisation dont nous faisons tant de bruit, mais que, jusques à présent, ils ne regardent que comme le résultat d'une plus grande quantité de produits industriels obtenus par un plus grand nombre d'individus, pour satisfaire à des besoins dont ils n'ont pas même une idée, qu'ils repousseraient s'ils les connaissaient et qui sont tout-à-fait indépendants de la civilisation suivant la véritable acception de ce mot.

En effet, pour la masse des habitants civilisés de l'Europe, le mot de civilisation signifie palais, hôtels, monuments, tableaux, équipages somptueux, habits élégants, étoffes précieuses, meubles admirables par le travail et la richesse ; enfin mille petits riens indispensables à la femme opulente à qui trois ou quatre femmes de chambre sont nécessaires à l'instant de sa toilette, à l'homme riche et bien né qui change de costume au moins trois fois par jour, mais dont un savant de l'école polytechnique ne connaît ni les noms ni l'usage ; mais qu'ignoraient complètement les Lafontaine, les Molière, les Racine, les Cor-

elle a placé, dans le salon de son père, de nombreuses images. Il ne faudrait que bien peu d'efforts pour rendre toute cette famille chrétienne.

2

neille des temps passés et de ce temps-ci, s'il y a maintenant de
tels hommes.

Dira-t-on pour cela que de tels hommes ne sont pas civilisés!..
Assurément non. Ce n'est donc point en cela que consiste la civilisation, car, s'il en était ainsi, je pourrais dire que les Arabes fabriquent d'une manière admirable, et cela sans le secours
des instruments que nous avons à notre disposition, instruments
qui, soit dit en passant, réduisent au rôle d'automate celui qui
s'en sert, fabriquent, dis-je, des tissus d'une grande beauté,
des broderies remarquables, des armes excellentes, d'un travail précieux. Ils ne leur manque, pour être à votre hauteur,
que d'en fabriquer davantage : s'ils ne le font pas, c'est qu'ils
n'en sentent pas le besoin.

En France, n'avons-nous pas une multitude de petites villes
où l'on ne fabrique rien ? Les habitants, néanmoins, ne se
croient pas, pour cela, des hommes incivilisés.

On confond donc ici deux choses bien distinctes, parce que
l'une est ordinairement le résultat de l'autre.

La civilisation amenant presque toujours les arts à sa suite,
on en a conclu que les arts étaient la civilisation, et c'est une
erreur dans laquelle chacun tombe faute de réflexion.

Il n'en est point ainsi : la civilisation n'est et ne peut être
que l'état social où tout marche vers l'ordre et la perfection au
moyen des lois et des institutions qui font que chacun remplit
ses devoirs au profit de tous, exerce ses droits sans nuire jamais
à personne.

On voit par là, qu'une société peut être très civilisée sans
posséder nos arts et notre industrie ;

Qu'un autre peut être très barbare tout en jouissant des raf-
finements de luxe et de plaisirs que procurent les richesses et le
commerce. Telle était la société romaine après le siècle d'Au-

guste, époque à laquelle on avait porté le luxe à un tel point,
que les descriptions que nous en ont laissées les poètes nous
semblent fabuleuses.

Que si l'on s'obstinait à nommer un tel état de choses la civilisation', alors je la repousserais de tous mes vœux, car, quelle
civilisation que celle où la moitié du genre humain était sou-
mise à la férocité des caprices de l'autre !

Nous appelons avec raison des peuples barbares ceux chez
lesquels le droit c'est la force brutale ; croit-on que nous méri-
tions moins ce titre quand nous voyons tous les jours des
hommes se servir de l'ascendant que leur donnent et leur position sociale et leurs richesses pour porter la séduction au sein
des familles qu'ils abreuvent de larmes et qu'ils conduisent à la
misère par le déshonneur ? Agir ainsi n'est-ce pas ressembler
au sauvage qui va ravir la femme ou la fille d'une tribu voisine ? Et, dans ce dernier cas même, le crime est moins odieux,
car il laisse une chance de représailles, tandis qu'il n'en est
point, dans une société, contre l'homme puissant, pour le père
infortuné dont il a séduit la fille qui faisait son orgueil et sa
joie. Ici, nos lois sont impuissantes, et partout où le législateur
a voulu, comme en Suisse et quelques autres contrées, atteindre
et punir un tel crime, il en est résulté tant et de si graves in-
convénients qu'il a fallu, la plupart du temps, renoncer à l'application de la loi.

J'ai dit que la civilisation n'est que l'état social où tout marche vers l'ordre et la perfection au moyen des lois et des institutions qui font que chacun remplit ses devoirs au profit de
tous, exerce ses droits sans nuire jamais à personne.

Mais cette définition ressemblerait à toutes celles de nos modernes éclaireurs du genre humain, si je n'expliquais ce que
j'entends par le moyen des lois et des institutions.

Il y a deux espèces de lois : celles qui sont fondamentales et celles qui sont relatives à l'administration, par conséquent, susceptibles de changer suivant les circonstances et les besoins.

Les lois fondamentales seules sont immuables, et pour qu'elles le soient, pour qu'elles soient reconnues comme telles, pour qu'elles soient plus inviolables, il faut qu'elles aient une origine divine. Si l'esprit de l'homme seul les a dictées, quelque grand que soit cet homme par son génie et ses actions, ses lois tomberont, un peu plus tôt un peu plus tard, pièce à pièce avec une rapidité toujours croissante, du moment où quelque nouveau législateur aura cru devoir faire le plus léger changement à l'ensemble du code.

Mais une loi dont l'auteur est Dieu lui-même, imprime dans tous les cœurs un tel respect, une telle obéissance que chacun s'y soumet sans murmure et la suit avec toutes ses conséquences logiques.

Voyez, par exemple, ce fondement de l'ordre social tout entier, le mariage tel qu'il est institué suivant la parole divine, et puis, examinez-le tel que nos modernes législateurs l'ont fait ! Ici ce n'est qu'un pacte entre deux individus avec une multitude de règles, d'articles, de précautions qui ne disent rien à l'âme, qui n'enchaînent point les cœurs et qui sont d'autant moins capables de rendre indissolubles les liens du mariage, qu'en voulant tout prévoir, ces mêmes règles livrent nécessairement à l'arbitraire, au caprice des deux époux ce qu'elles n'ont pas prévu. Toutes ces règles ne semblent faites que pour des individus qui vont exploiter ensemble une affaire de commerce, et la lecture qu'en fait le magistrat aux deux jeunes époux a quelque chose de glacial, de puéril, de niais, de ridicule, en un mot, et je défie quiconque a jamais été dans le cas d'assister à cette lecture que la loi nomme la célébration du mariage, de n'avoir pas éprouvé cette espèce de honte ou de regret qu'un bon cœur ressent quand il entend un homme qu'il est obligé de respecter, dire une sottise ou manquer à sa dignité.

Quelle différence de cette prétendue cérémonie avec celle que le ministre de Dieu va commencer!... Ici tout rappelle aux jeunes époux que c'est une alliance éternelle qu'ils vont contracter, alliance qui se passe sur la terre, mais qui s'enregistre dans le ciel; alliance sanctionnée par le ministre de la Divinité, alliance en témoignage de laquelle sont conviés tous les esprits célestes. Le prêtre le plus humble n'a pas besoin de faire une exhortation aux époux, s'il n'a pas reçu le don de la parole. La cérémonie elle - même et les paroles sacramentelles suffisent à tout, disent tout.

« Voilà l'épouse que Dieu vous a donnée.... Voilà le mari
« que Dieu vous a choisi.... Vous l'aimerez, vous lui serez fi-
« dèle et désormais vous n'êtes qu'une même chair et qu'un
« même sang.... Que l'homme ne sépare donc pas ce que Dieu
« a pris soin d'unir.»

Que de conséquences découlent de ces paroles si simples et si saintes! Quel est celui qui ne les comprend pas? quel est celui qui peut en reconnaître le sens et ne pas leur porter un respect involontaire, sinon une admiration pleine de foi?

Si toutes ces pensées sont vraies, si ces explications sont justes, il est donc évident que des lois, et des lois religieuses seules peut découler la civilisation, parce que la civilisation véritable, celle que l'on doit comprendre et désirer, est la perfection morale et non pas, comme beaucoup le croient, le perfectionnement de l'ordre matériel.

Je conçois difficilement que l'on puisse douter de cette vérité, quand la réflexion nous apprend, aussi bien que l'histoire du genre humain, que partout où le monde matériel est ou fut savamment organisé, partout où l'industrie multiplia ses chefs-d'œuvre, la misère, les crimes et la révolte sont venus augmenter les malheurs de l'homme; car il est certain qu'alors la vue de cette foule d'objets charmants, que les riches seuls peuvent se procurer, excitent la jalousië, les regrets et l'envie.

Et cependant on nie cette vérité! mais que ne nie-t-on pas de nos jours? Qui se donne la peine de réfléchir et de raisonner juste ?

Il est donc évident que la civilisation de l'Algérie ne peut être obtenue qu'au moyen d'un changement religieux, puisqu'il n'y a que la religion qui puisse et sache civiliser.

## Des moyens d'opérer un changement religieux en Afrique.

Je ne me flatte point, sans doute, d'avoir pénétré mes lecteurs, si j'en ai, de la conviction qui m'anime et de leur avoir persuadé qu'il n'a qu'un moyen de civiliser l'Algérie, celui d'en changer la foi religieuse ; mais peut-être qu'un autre, tout à la fois plus habile et plus heureux que moi, s'emparera de l'idée que j'ose émettre dans ce siècle d'indifférence et d'incrédulité, lui donnera les développements dont elle a besoin, et, substituant une parole puissante et connue à ma voix ignorée et sans force, pourra parvenir à faire comprendre enfin la nécessité de cesser une guerre jusqu'à présent sans résultat positif, et d'em-

ployer le moyen par lequel ou aurait dû commencer, la prédi-
cation de l'Evangile.

J'entends, à ces mots, frémir autour de moi ceux dont l'occu-
pation quotidienne est de crier contre le jésuitisme, le parti
prêtre et le pouvoir sacerdotal. Mais je les supplie ici de vou-
loir bien considérer que s'il est vrai, comme quelques-uns d'eux
l'affirment, qu'il s'est opéré dans tous les esprits sages une espèce de réaction religieuse ; s'il est vrai que notre jeunesse ait
enfin fait justice, dans un certain sens du moins, de l'athéisme
du XVIII⁰ siècle ; s'il est vrai que nous soyons devenus meilleurs
que nos pères; il faut que cette réaction produise ses fruits et
que, par conséquent, on renonce à porter la destruction chez un
peuple par l'unique raison que nous avons besoin, dans l'intérêt
de notre politique, d'occuper son territoire.

Car, que l'on ne s'y trompe pas, notre domination en Algérie ne peut être certaine qu'après l'extermination des Arabes,
s'ils restent Musulmans. Tant que subsistera la barrière religieuse qui nous sépare, nous pourrons bien être campés en
Algérie, mais établis jamais.

Voyez ce qui se passe dans les villes que nous occupons sur
le littoral. Tous ceux des anciens habitants qui peuvent espérer
de trouver ailleurs le morceau de pain qui suffit à leur existence,
se hâtent de s'éloigner et deviennent nos ennemis les plus
acharnés parce qu'à la haine naturelle contre l'étranger et le
contempteur de sa religion, le peuple Arabe joint encore la haine
de celui qui l'a dépouillé du bien-être dont il jouissait jadis.

Poursuivrez-vous vos succès plus loin? Vous établirez-vous à
100 à 150 lieues des côtes? ou vous laisserez dans les interval-
les de vos établissements un ennemi qni ne cessera de vous
harceler et de rendre votre position incertaine; ou vous force-
rez tout ce peuple à reculer devant vous, jusqu'à ce que, at-

teignant les limites du désert, il meure de faim et de misère en maudissant ses oppresseurs.

Est-ce donc à fournir à l'histoire le récit d'un dénouement si terrible qu'auraient abouti toutes les pages éloquentes écrites sur la civilisation? Ne devrez-vous donc vos progrès qu'à l'anéantissement de ceux dont vous plaignez l'ignorance et la barbarie? Ce peuple comprend-il vos besoins et vos arts? Lui faut-il, comme à vos nations de l'Europe, quinze heures de travail par jour dans des manufactures mal saines, sous peine de mourir de faim? Agriculteur et pasteur, il ne connaît des arts que juste ce qu'il lui faut pour vivre, et sa vie indépendante et libre est mille fois préférable à la vôtre. Pourquoi donc le chasser de chez lui? Parce que son territoire vous est nécessaire... Eh! bien, dans ce cas, faites vos efforts pour l'amener à vous et ne l'exterminez pas. N'oubliez pas que l'Arabe vit de peu; que sa sobriété d'une part et le climat de l'autre lui rendent inutiles tous ces objets qui vous sont nécessaires et qu'en conséquence il n'a nul besoin de se livrer à ce travail incessant dont la plus courte interruption jette dans le besoin les habitants de l'Europe.

Ainsi donc, l'Arabe qui ne connaît pas la nécessité de vos arts, qui ne comprend pas cette multitude de lois et de réglements qu'ils entraînent à leur suite; l'Arabe, enfin, que sa religion et ses mœurs éloignent de vous, l'Arabe ne se mêlera point avec vous, une fusion sera toujours impossible et vous serez constamment en guerre si vous ne le chassez pas, et cette expulsion est la mort pour lui.

Pourquoi donc, dans cette alternative, ou de chasser devant nous les habitants de l'Algérie, ou de vivre avec eux dans un état de guerre perpétuelle, ne pas recourir à ce moyen si simple, si naturel, si logique de chercher à les convertir au culte chrétien?

Vous vous étonnez de cette proposition ! mais qu'a-t-elle donc de si surprenant? Est-ce que ce n'est pas également une conversion que vous voulez faire, quand vous vous proposez de changer leurs mœurs et leurs habitudes contre les vôtres? N'est-ce pas une conversion que de mettre votre code civil à la place de leurs lois du Koran? Et croyez-vous qu'ils seront plus disposés à suivre des prescriptions faites au nom des hommes que celles qui leur sont faites au nom de Dieu? C'est la volonté du Tout-Puissant et non pas la sienne que Mahomet leur annonçait, et c'est à cette volonté qu'ils croient encore obéir.

L'Evangile sera d'autant plus facile à s'introduire parmi les populations musulmanes, qu'il n'est pas un mahométan qui ne connaisse J.-C.; car le prophète en parle partout avec éloge et comme d'un envoyé de Dieu. Ce n'est donc point un nom qui leur soit inconnu que vous irez leur annoncer, et que d'auxiliaires de votre parole ne trouverez-vous pas dans cette foule d'êtres que l'islamisme dégrade ou fait souffrir! Tous les cœurs généreux ne vous seront- ils pas en aide, puisque vous irez établir le règne de cette égalité sainte que proclame l'Evangile, égalité si consolante pour le faible et l'indigent.

Il faudrait donc que le gouvernement permît à de jeunes missionnaires, pris parmi ceux qui parleraient le mieux l'arabe, d'aller, à leurs risques et périls, prêcher la foi chrétienne en les prévenant qu'ils ne recevraient d'autres secours de l'État que celui qu'en reçoit le plus pauvre des colons. Il leur serait défendu de contraindre personne : tout devrait être l'œuvre de la persuasion. Des instructions formelles leur seraient données dans ce sens par leurs supérieurs eux-mêmes.

A ce moyen si simple et si digne d'un grand peuple qui se pique d'humanité, l'on pourrait en joindre un autre que je crois fort avantageux et qui réduirait de plus de moitié l'énorme dépense que nous sommes obligés de faire en Afrique.

Le gouvernement, en sa qualité de successeur du Dey d'Alger et du Bey de Constantine, est très *légitimement* propriétaire des terres fertiles et nombreuses qui n'avaient pour maîtres que le Deylick et le Beylick.

Ces terres ne rapportent en ce moment que fort peu de choses, et la plus grande partie est illégalement possédée par différentes tribus qui ne paient rien ou paient tout au plus l'Achour, c'est-à-dire la dîme ou l'impôt territorial, mais non la location de la terre elle-même.

En cet état de choses, il me semble que le gouvernement peut concéder des terrains à des cultivateurs à titre gratuit.

Mais pour que ces concessions ne soient pas illusoires et qu'elles attirent une population laborieuse et surtout morale, qui sera bientôt un appui pour la France, il faut qu'elles ne soient faites qu'en faveur de familles jouissant d'une aisance telle qu'elles puissent vivre pendant un an, et même deux ans, de leurs propres ressources.

Ainsi par exemple, il serait concédé 100 hectares de terrain à la famille qui posséderait, soit en espèces, soit en instruments aratoires, soit en bestiaux, une valeur de quarante à cinquante mille francs.

Cette famille devrait être composée du père et de la mère et d'au moins trois enfants. Le père ne devrait pas avoir dépassé l'âge de 45 ans. Il faudrait qu'il fût connu comme cultivateur laborieux et sage.

Lorsque l'on aurait cinquante familles réunissant toutes ces conditions, elles seraient transportées en Algérie aux frais de l'État, et placées sur un territoire de 5000 hectares qu'on leur partagerait, le plus près possible de l'une de nos grandes villes du littoral. Les murs et les toîts des maisons qui leur auraient

été destinées, seraient d'avance construits par les soins du génie, avec des ouvriers militaires. Les nouveaux colons feraient
le reste.

Toutes les maisons et les bâtiments d'exploitation seraient
contiguës et entourées d'un fossé.

A quelques lieues plus loin, soit en avant, soit sur le côté,
suivant la nature du terrain où la faculté que l'on aurait à s'a-
vancer, un second village serait construit avec les mêmes conditions. Mais ce dernier aurait une maison destinée à des religieux ou religieuses hospitalières qui recevraient les malades
arabes, panseraient les blessés, distribueraient gratis des re-
mèdes, etc.

Une demi-compagnie d'infanterie, logée dans un corps-de-
garde, mais nourrie chez l'habitant, auquel elle donnerait ses
vivres, sortirait le matin avec les travailleurs et rentrerait
avec eux toutes les fois que l'on croirait cette précaution
nécessaire.

# DEUXIÈME PARTIE.

La situation générale de l'Europe est une situation précaire. Les chemins de fer, les découvertes de la science, les progrès de l'industrie ; les télégraphes électriques au moyen desquels Alger apprendra juste à midi ce qui se passait quelques minutes avant à Paris, tout cela n'y fera rien.

La moindre étincelle peut embraser le monde, qui d'ailleurs semble se préparer à la lutte, et chacun comprend qu'un événement naturel peut nous accabler tout à la fois de *douleur* et d'*alarmes*.

Prévoir les mauvaises chances qu'amènerait la guerre, tout le monde le peut.

Les prévenir c'est le devoir de l'homme d'État ; les signaler c'est le devoir de tout homme de bien.

S'il est au monde une chose probable, c'est assurément une guerre future.

Il est possible néanmoins que cette guerre n'ait pas lieu si les gouvernements et surtout les peuples, sont assez sages pour s'entendre et la repousser. Mais enfin, la guerre peut survenir, et c'est donc en ce moment, à l'instant même qu'il faut se hâter de faire l'application du principe : *Si vis pacem para bellum.*

Sommes-nous prêts pour la guerre ? Aurons-nous des alliés ? Quels seront ces alliés ? je n'en sais rien, et ce n'est pas de ces hautes questions que je veux m'occuper, parce que je n'ai ni le talent qu'il faudrait pour les traiter, ni mission pour le faire.

Mais je peux et je veux du moins traiter une question qui se rattache à ces questions intéressantes, c'est celle de la colonisation de l'Algérie.

Que nous ayons la guerre ou que nous conservions la paix, toujours est-il qu'il faut en finir avec l'Algérie et mettre un terme à ces sacrifices énormes que nous faisons chaque année, soit en hommes, soit en argent, sans grand profit, il faut bien le dire, pour le pays, du moins jusqu'à présent.

Les événements marchent, le temps presse ; il faut donc se hâter, et, laissant de côté ces grands débats qui n'ont point encore pu, jusqu'à ce jour, recevoir de solution satisfaisante entre la nécessité du gouvernement militaire et l'opportunité de l'établissement complet du gouvernement civil, je ne parlerai que de la colonisation proprement dite.

Cette colonisation qui pouvait s'ajourner jusqu'à ce qu'on eût trouvé le meilleur mode de coloniser, et qu'on eût obtenu la sécurité du pays, par la soumission complète des Arabes, ne peut plus s'ajourner maintenant.

N'avons nous pas en effet la preuve qu'il ne faut compter sur rien avec la population arabe, tant qu'elle conservera sa foi religieuse et les moyens de l'entretenir ?

N'avons-nous pas à craindre une guerre en Europe, guerre

qui nous anéantirait d'un seul coup en Algérie , parce que nous n'aurions plus avec facilité tout ce qu'il faut pour nous y maintenir ?

On n'a pas voulu que l'armée continuât à cultiver et récolter , quoique presque partout le succès eût dépassé les espérances (1).

On n'a pas voulu faire de grandes concessions pour avoir de grandes cultures , et par conséquent de grands produits.

Pourquoi ces deux refus ?

Je n'en sais rien en vérité , si ce n'est parce qu'on a craint , d'une part , d'inspirer aux soldats trop d'attachement à cette terre qu'ils avaient conquise et fertilisée ; de l'autre , de créer des fortunes trop considérables dans quelques mains et de reconstituer une espèce de féodalité terrienne, épouvantail ridicule qui ne terrifie que les niais. Comme si la féodalité financière n'était pas cent fois plus à craindre , elle qui ne crée aucun lien , aucun attachement...... Elle qui ne saurait établir aucun rapport de bienveillance et de liaisons réciproques entre celui qui possède et celui qui travaille !

L'Algérie ne peut donc nous fournir ni pain , ni vin ; bientôt même elle ne nous fournira plus de viande, car les races oviles et bovines sont près de disparaître.

Nous n'aurons pas d'orge pour nos chevaux , et les chevaux

(1) Je pourrais citer plusieurs exemples de ce que j'avance ; mais un seul suffira.

Un régiment, dont je tairai le nom , a cultivé des terres , planté des arbres , construit une fort jolie maison , et dès la seconde année, après le paiement des instruments , des charrettes , des charrues , des chevaux et des hommes , il est resté six mille huit cents francs de bénéfice. Si je ne dis pas le nom de ce régiment , c'est qu'il ferait connaître le mien quoique je n'aie pas l'honneur d'en faire partie.

eux-mêmes nous manqueront aussi, puisque nulle part on n'a pu s'occuper d'en élever.

D'autres choses indispensables, ou tout au moins nécessaires, nous feront également défaut, parce que nous n'avons que des colons qui vendent ce qu'ils tirent de France, de l'Espagne ou de l'Italie, la graisse, le lard, les œufs, les pommes-de-terre, les choux, les haricots, etc., au lieu d'avoir des colons qui sachent ou qui puissent produire toutes ces denrées.

Que la guerre survienne donc, dans un tel état de choses, et qu'on me dise comment pourront se défendre et vivre nos cent mille soldats et nos cent mille colons ?

On reste glacé de terreur à cette seule pensée ; car nulle catastrophe n'aurait jamais été comparable à celle-là. Puisse la divine Providence nous en préserver !

On le voit, si l'on veut pouvoir parer aux éventualités d'une guerre, il faut donc se hâter de nous créer des ressources pour la soutenir sans trop de désavantage, afin que la famine n'ajoute pas ses horreurs aux horreurs de combats acharnés et sanglants, car cette fois il ne s'agirait plus de simples razzias.

Or, pour créer ces ressources, il n'est que deux moyens, la colonisation militaire, et la grande culture par des propriétaires civils.

Je ne parlerai pas de la colonisation militaire, puisque chacun la repousse, probablement parce qu'elle serait la plus facile et qu'elle serait aussi la plus juste ; car il était, à mon avis, fort naturel que le soldat pût cultiver cette terre qu'il a payée et arrosée de son sang.

Je ne parlerai donc que de la colonisation par des cultivateurs civils, et j'espère que, du moins pour celle-ci, j'obtiendrai quelqu'indulgence de la part des gouverneurs africains de Paris.

La haine que nous portent les Arabes tient à deux causes ;
la première et la plus profonde est celle qui vient de leur religion ; la seconde, moins vive, est celle qu'amène naturellement un sentiment instinctif de répulsion pour l'étranger qui
s'introduit chez nous et malgré nous.

Nous ne rendons pas cette haine aux Arabes, puisque notre
indifférence en matière de foi religieuse la rendrait aussi ridicule qu'injuste ; mais nous avons pour eux un sentiment de
mépris qui ne me semble nullement fondé. Sur quoi le serait-il
en effet ? Le défaut de courage ? Nos soldats leur rendent pleinement justice à cet égard, et chacun de nous a pu souvent
admirer avec quelle noble résignation ils marchent au supplice
sans plainte et sans murmure. Le défaut d'intelligence ? Elle
est au contraire fort grande, et l'on s'étonne avec raison de
leur remarquable perspicacité. Leur attachement à leurs mœurs,
à leurs coutumes, à leur religion ? Mais ce sont là des sentiments fort respectables et qui les honorent. Leur penchant au
vol, au mensonge, à la perfidie ? Je voudrais bien savoir ce
que feraient la plupart de nos colons s'ils étaient placés dans
les mêmes circonstances que les Arabes. Nos tribunaux et nos
justices de paix sont là pour nous dire à qui l'on a le plus souvent à reprocher le manque de probité dans les transactions.

L'ignorance dans les lettres et les sciences ? Mais un bon
tiers de ces colons contempteurs est d'une ignorance complète,
et le peu que savent les deux autres tiers est assurément fort
peu de chose, et j'ai souvent rougi pour mes compatriotes en
voyant leur défaut presqu'absolu d'instruction.

En quoi donc, je le répète, l'Arabe mérite-t-il ce mépris
que vous affectez pour lui ? Vous seriez bien en peine de le
dire, si ce n'est pas parce que ce peuple marche pieds nuds ;
qu'il habite sous des tentes ; qu'il porte un burnous au lieu d'un

habit; qu'il ne change pas tous les jours de modes, et cent autres belles raisons de cette force.

Quoiqu'il en soit de la raison de ce mépris insultant, il existe ; c'est un fait qu'on ne peut nier, et ce qu'il y a de plus remarquable dans ce mépris, c'est qu'il est d'autant plus fort dans ceux qui l'affectent, qu'ils ont moins de droit de le professer. J'ai vu des hommes tout fiers de savoir à peu près signer leur nom et lire un journal, ne parler qu'en termes dédaigneux de quelques Musulmans, vénérables pour leurs vertus et renommés pour leur connaissance des lois.

Les Arabes ont trop de sagacité pour ne pas s'apercevoir de ce dédain injuste qui les humilie, surtout quand ils considèrent la nature de ceux qui le leur témoignent.

Ils ne s'en plaignent pas cependant, parce qu'ils savent bien que ce serait peine perdue. Si l'exemple du chef illustre qui gouverne l'Algérie, et pour lequel ils ont une estime profonde, ne suffit pas pour imprimer à tout le monde une conduite semblable à la sienne, à quoi serviraient leurs plaintes à cet égard ? Ils ne voient en nous qu'une nation inconstante, légère, inconsidérée, sans mœurs, sans croyance religieuse, sans respect pour ceux qui la gouvernent et ne les payant que par l'ingratitude, qu'elle décore du nom de liberté, des bienfaits qu'ils versent sur elle.

Voilà donc encore une troisième cause à l'antipathie des Arabes pour nous, et celle-ci n'est pas la moins vive et la moins dangereuse, car elle explique et justifie les efforts que font les chefs pour entretenir dans tous les esprits le ressentiment contre nous.

Quel est donc, en effet, l'homme de cœur qui ne préférera pas la mort dans un combat, au mépris insultant qu'on lui prodiguerait après la défaite ?

Est-ce donc avec de tels éléments, dans un semblable état de choses, que vous pouvez espérer une fusion qui serait cependant si désirable entre les deux peuples ? Non sans doute ; et puis que l'on n'a pas voulu dès le principe, ou de suite après la reprise des hostilités en 1839, hostilités qui nous dégageaient de nos promesses antérieures, puisqu'on n'a pas voulu déployer tous nos droits, il faut bien, maintenant, suivre une autre marche pour parvenir à fonder un établissement durable et que le moindre événement en Europe ne vienne pas renverser (1).

J'ai déjà dit, dans la partie de cet ouvrage écrite en 1840, que le gouvernement français possédait très légitimement les terres qui dépendaient autrefois du Deylik et du Beylik. Si nous sommes les maîtres des biens appartenant aux mosquées,

(1) Il est fort probable que beaucoup de mes lecteurs ne me comprendront pas quand je parle de *déployer tous nos droits*, car la chose dont on s'occupe le moins en Algérie est sans contredit la Religion.

Il faut donc expliquer ce que j'entends par ces mots : déployer tous nos droits. J'entends la liberté de propager nos doctrines religieuses, et de dire aux Musulmans : Si vous voulez des Marabouts payez-les vous-mêmes, la chose ne nous regarde pas.

Eh ! quoi, l'on réclame en France, pour une très faible minorité, le droit de prêcher le protestantisme, et l'on nous dénie, à nous vainqueurs, à nous Chrétiens, le droit de convertir, si nous le pouvons, par la parole et la persuasion, ces Arabes que l'on veut cependant civiliser ! Mais, au nom du ciel, qu'entendez-vous donc par ce mot de civilisation ? Si ce n'est pas la connaissance des devoirs de l'homme, qu'est-ce donc ? Or, la Religion seule enseigne bien et prescrit encore mieux ces devoirs, quoiqu'on en dise. Répondez, je vous prie ; mais vous vous taisez, parce que vous n'osez pas dire : C'est que les Arabes buvant, mangeant, vivant et s'habillant autrement que nous, sont nécessairement des barbares !..

Et c'est le peuple qui se dit le plus spirituel de l'univers qui met la logique dans la nécessité de tirer cette conclusion !..

à plus forte raison le sommes-nous de ceux qui, jadis, appartenaient à l'Etat.

Ce sont ces biens qu'il faut distribuer à des colons sérieux, soit à titre onéreux, soit à titre gratuit, suivant le cas.

On a présenté beaucoup de projets pour la colonisation; aucun n'était ni ne pouvait être satisfaisant, soit parce qu'ils imposaient des charges trop lourdes à l'Etat, soit parce qu'ils exigeaient le concours d'une foule de conditions difficiles à réaliser.

Personne, que je sache, n'a proposé le moyen le plus simple, le plus naturel de tous, une telle prétérition a fait naître d'étranges pensées; mais il est temps encore d'y revenir.

Ce moyen n'est autre que celui de vendre à bas prix, ou de donner, en certain cas, les terres du gouvernement à des colons aisés, riches même, afin que leurs capitaux appellent les travailleurs et fertilisent le sol.

Près des villes du littoral, en s'étendant à vingt ou vingt-cinq kilomètres au sud, on vendrait cinq mille hectares de terres, d'un seul tenant autant que possible : l'acquéreur ou les acquéreurs devraient justifier d'avoir en caisse la somme de cinq millions.

Avec cette somme ils paieraient les 5000 hectares de terres au comptant, à raison de cent francs l'hectare.

Pour mettre ces terrains en valeur, on les diviserait en vingt-cinq fermes, contenant les bâtiments d'exploitation nécessaires, comme logement du fermier, écurie pour quinze chevaux, étable à vaches, hangard pour abriter les moutons, laiterie, toit à porcs et poulailler.

Chaque ferme serait pourvue de dix garçons de charrue, deux vachères et un berger.

Les garçons de charrue devraient avoir vingt ans au moins, trente-cinq au plus.

Ils auraient six cents francs de gages annuels, seraient nourris comme ils le sont en France, seraient de plus blanchis et recevraient un habillement convenable au pays.

Un régisseur-général et deux commis, le premier aux appointements de 5,000 francs, et les deux commis aux appointements de 2,500 francs, tiendraient la comptabilité pour les frais de laquelle il serait alloué la somme de 2,500 francs, y compris quelques frais de voyage.

Les charretiers ne coûteraient pas au-delà de cinq cents francs de nourriture par an, et les vachères et bergers ne reviendraient pas à plus de mille francs, la nourriture comprise.

On aurait donc ainsi pour les frais d'achat du terrain :

| | |
|---|---:|
| Achat du terrain. . . . . . . . . . . . . . . . . . . . F. | 500,000 |
| Construction des bâtiments pour 25 fermes, à 50,000 francs par ferme. . . . . . . . . . . . . . . . . . . | 1,250,000 |
| Mobilier, Ustensiles aratoires, Charettes, Charrues, Herses, Rouleaux, Tombereaux, Harnais, 15 chevaux, 30 vaches, 300 jeunes moutons, volailles, semences en orge et blé, à 50,000 francs par ferme . . . . . . . | 1,250,000 |
| Gages et nourriture des 250 charretiers à 1,100 francs par an . . . . . . . . . . . . . . . . . . . . . . . . | 275,000 |
| Gages et nourriture de 50 vachères et de 25 bergers à 1,000 francs . . . . . . . . . . . . . . . . . . . . | 75,000 |
| Régisseur-général, deux commis et frais de bureau. . | 12,500 |
| Nourriture de 375 chevaux pendant 10 mois, à partir du 1er septembre jusques au 1er juillet, à 1 franc par jour. | 112,500 |
| Ferrage et vétérinaire à 4 francs par mois. . . . . . | 15,000 |

# PRODUITS.

En commençant les travaux au 1er septembre, et en ne faisant travailler que six charrues, 12 chevaux et six charretiers, pendant que les trois chevaux de surplus et les quatre autres charretiers seront occupés à d'autres travaux, on labourera deux hectares par jour : mais pour ne pas nous tromper et ne rien exagérer, nous ne compterons qu'un hectare et demi ; nous aurons donc, pour 52 jours de travail pendant les mois de septembre et d'octobre, 78 hectares labourés dans chaque ferme.

On ensemencera ces 78 hectares en blé ; on essayera, sur les terrains qui paraîtront les plus favorables, de semer en même temps du sainfoin ou du trèfle.

Les labours continueront, cependant, jusques à la fin de janvier, c'est-à-dire, pendant les 75 journées de travail, et l'on aura fait seulement un hectare par jour, soit 75 hectares, qui seront ensemencés en orge mélangée, de vesce, trèfle, sainfoin ou luzerne, s'il se rencontre quelques terrains propices pour cette dernière semence.

Il restera sur chaque ferme 47 hectares pour le pacage des vaches et des moutons.

Nous aurons donc pour les 25 fermes 1950 hectares de blé dont le produit moyen sera de 20 hectolitres l'hectare, soit 39,000 hectolitres à 10 fr. seulement l'hectolitre. . . . . . . . . . . . . . . . F. 390,000

Et 1875 hectares ensemencés en orge dont le produit moyen sera de 25 hectolitres l'hectare, soit 46,875 hectolitres à 7 fr. . . . . . . . . . . . . . . . . . . . . . . . . 328,000

1,200 moutons vendus à la boucherie à 10 fr. . . . . . 12,000

Nos 750 vaches auront donné seulement 150 veaux, dont 50 seront vendus au boucher au prix de 30 fr. à 2 mois . . . . . . . . . . . . . . . . . . . . . . . . . . 1,500

A reporter . . .   731,500

|  | |
|---|---|
| *Report.* . . | 731,500 |

Le produit en lait, en ne le comptant qu'à 25 cent. par jour et pour 500 vaches seulement, sera de 125 fr. par jour et pour 365 jours . . . . . . . . . . . . . . . . 45,625

Les brebis auront produit, à 250 toisons de laine par ferme, 6250 toisons à 2 fr. . . . . . . . . . . . . . . 12,500

La basse-cour composée de 100 poules, 40 canards, 20 oies et 20 dindons pour chaque ferme, aura produit en œufs, poulets, jeunes canards, oies et dindons, 1000 fr. par ferme, ce qui ferait 25,000 fr. que nous ne porterons qu'à 15,000

Voilà donc un produit de. . . . . . , . . . . . . . . 804,625
Interêts sur 1 million placé par hypothèque à 6 p. °/. . . 60,000

864,625

Que l'on ne saurait, sans injustice, taxer d'exagération. Or, nos dépenses ayant été de 490,000 fr., il nous reste pour produit net 374,625 fr. et comme le capital employé n'a été que de 3,000,000 de francs; nous avons dès la première année un rapport de dix pour cent pour notre capital.

Pendant les années suivantes les terres deviennent plus faciles à labourer, conséquemment le travail est plus considérable, et le produit suit cette progression; la basse-cour donne également des résultats plus avantageux; les terres acquièrent d'année en année une valeur plus grande, non-seulement parce que la certitude acquise de ce qu'elles peuvent produire en augmente nécessairement le prix, mais encore parce que le travail et les engrais les ont véritablement améliorées.

Nous n'avons dépensé, depuis le 1er septembre jusques au mois de juillet suivant, que 3,490,000 fr.; il reste donc en caisse 2,374,625 fr.

Arrivés à cette époque de l'année, nous commencerons à nous occuper de fossés, de canaux d'irrigations, de plantations de mûriers, d'arbres à fruit, d'ormes, de peupliers, etc. Nous y consacrerons 400,000 fr., laissant en caisse 1,974, 625 fr. pour les éventualités, et nous placerons ou sur la banque d'Alger, ou par hypothèques sur des propriétés bâties, le million de surplus, au taux de six pour cent.

Ce placement, en facilitant le mouvement commercial d'Alger, tournera bientôt à notre profit.

On a dû remarquer que je n'ai donné pour produit agricole que des céréales, c'est-à-dire, que le produit le moins avantageux. Or, si, même avec une denrée qui donne si peu de bénéfice au cultivateur, j'ai prouvé que le capital employé rapportait 10 p. %, il est clair qu'il rapportera bien davantage lorsqu'on récoltera du tabac, du coton, du sésame, de la garance et vingt autres denrées auxquelles, plus tard, viendront se joindre les produits du mûrier et de l'olivier qui ne coûtent que les frais de récolte.

On a dû remarquer encore que je place dans chaque ferme dix charretiers pour 200 hectares, mais ce nombre est plus considérable qu'il ne faut, et quand les terres seront ce que nous appelons en France en *allage*, six charretiers suffiront pleinement. La dépense deviendra donc moindre, tandis que le produit augmentera.

Je n'ai pas parlé des frais de moisson, parce qu'ils sont amplement payés par une partie des pailles qui ne sauraient être toutes consommées sur la ferme.

Je n'ai porté qu'a 25 cent. par jour et pour 500 vaches seulement, le produit du lait. Or, le lait se vend actuellement plus de 50 cent. le litre, parce que les vaches du pays en donnent fort peu; mais quand elles seront bien nourries, à l'étable pendant l'hiver, à l'abri pendant les fortes chaleurs, lorsqu'elles ne seront pas réduites à languir de faim pendant la saison des pluies ou durant la sécheresse de juillet, août et septembre, alors elles auront un lait plus abondant et meilleur.

Il en sera de même des moutons dont on voit des troupeaux entiers disparaître faute de soins, de nourriture et d'abris quand les terres sont noyées par des pluies de trois ou quatre jours.

Mais ces avantages seront-ils les seuls, et l'état n'aura-t-il donné pour un prix si minime les terres que la France a conquises que pour enrichir quelques particuliers?

Non, sans doute, et mes lecteurs comprendront aisément que la présence de près de trois cents hommes jeunes et robustes, dans de bonnes maisons entourées de murs et de fossés, sur une étendue d'un carré de moins de deux lieues présenterait un obtacle insurmontable à 12 ou 1500 Arabes, surtout si dans cette réunion de 25 fermes, on plaçait seulement deux compagnies d'infanterie et quelques cavaliers pour la correspondance. Ces cavaliers devraient être des spahis. La nécessité de vivre, pendant un certain temps, au milieu de nos Colons leur inspirerait peut-être le désir de nous imiter, et pour peu que deux ou trois commençassent, d'autres viendraient ensuite, car l'homme est naturellement imitateur dès qu'il peut s'autoriser d'un exemple.

En avril 1845 un de nos convois, escorté par 450 hommes d'un bataillon de chasseurs d'Afrique, fut attaqué quand il sortit de la plaine de l'Oued-Allah-la pour entrer dans des montagnes d'une médiocre hauteur.

Cette plaine, à moins d'une lieue de Ténès, commence au sortir d'une gorge où le génie vient de pratiquer une route admirable.

Si nous avions eu, dans cette plaine, les 25 fermes dont je parle, je doute fort que les Arabes eussent osé nous attaquer, car nos 250 laboureurs bien armés, prévenus des mouvements

de l'ennemi, se seraient facilement postés sur les hauteurs au
midi de la plaine : ils auraient ainsi très activement protégé
notre convoi sans grand risque pour eux-mêmes. On se battit
pendant cinq ou six lieues de 10 heures du matin à 6 heures du
soir, et l'on perdit 46 hommes seulement, contre plus de 2000
Arabes.

Et n'est-ce donc rien que cette force morale que nous donneraient d'aussi solides et coûteux établissements ?

Peut-on croire à la durée de notre séjour, quand on ne voit
construire que des masures dont les propriétaires ont si peu
d'avances qu'ils ne peuvent en quelque sorte pas utiliser ni les
terres qu'on leur *donne*, ni les matériaux qu'on leur fournit.
Quelle est, d'ailleurs, cette espèce de colons ? Des hommes
que la misère décide à se transplanter en Afrique avec leur ché-
tif avoir bientôt épuisé par une femme malade et trois ou quatre enfants en bas-âge, tandis que le père cultive de ses bras
amaigris et faibles un sol qui demande toute la vigueur d'un bon
laboureur.

Que peuvent faire de semblables colons ? Quels produits
donneront-ils, privés qu'ils sont du secours des animaux nécessaires au travail pénible des champs? Et lors même que ces
tristes colons, déjà décimés par les besoins et l'inquiétude,
pourraient vendre quelques-uns de leurs produits, où les pla-
ceraient-ils en attendant le moment de les porter au marché
voisin ? Ils n'ont guère qu'une chambre pour toute la famille.
Mais le fournil, mais une petite et modeste grange, mais une
étable pour une ou deux vaches, mais un poulailler, mais un
endroit pour serrer le lait, mais un grenier pour le foin,
mais une petite écurie, etc., etc., tout cela leur manque. Cette
exiguïté de local convient sans doute et suffit à l'ouvrier de
la ville, qui sort le matin pour aller à son travail, et n'a be-

soin que d'une chambre où sa ménagère apprête son modeste repas, et prépare son lit.

Mais en est-il de même du cultivateur-propriétaire? N'a-t-il pas des outils qu'il faut serrer? des bestiaux qu'il faut abriter? des produits de toute sorte qu'il faut enfermer? Et vous lui donnez une chambre qu'il a dû bâtir avec les 800 francs de matériaux dont vous l'avez gratifié sur les six hectares de concession gratuite! Et vous vous étonnez du peu de progrès de la colonisation! Eh! mon Dieu, c'est une espèce de miracle qu'elle soit déjà ce qu'elle est.

Il a fallu tout le stimulant de la misère et de la plus impérieuse nécessité, pour arriver au point où nous sommes, mais au prix de combien d'existences terminées dans les angoisses de la douleur!

En vendant nos terres à 100 francs l'hectare, à 3 ou 4 lieues de Bône, de Philippeville, de Constantine, d'Alger, de Coléah, de Cherchell, de Tenès, de Mostaganem, d'Orléanville, de Blidah, de Miliauah, de Médéah, d'Oran, le gouvernement reçoit et ne dépense rien. Les grands acquéreurs intéressés à mettre de suite en valeur leurs acquisitions y font venir de robustes et bons cultivateurs auxquels ils donneront, il est vrai, près du double de ce que ces cultivateurs gagnent en France; mais il ne saurait en être autrement si l'on veut avoir des bras intelligents et laborieux. La certitude d'un gage élevé peut seule déterminer un homme qui gagne facilement sa vie en France, à venir en Algérie. Cet homme qui sait que celui qui l'appelle a tout intérêt à veiller à ses besoins, partira sans inquiétude à cet égard. En est-il de même des pauvres familles dont vous peuplez l'Algérie, et qui ne font que transplanter leur misère? Est-ce donc un dépôt de mendicité que vous voulez créer ici? Ne voyez-vous pas que l'effet en rétroagira sur vous, et que vous aurez fait en pure perte d'énormes sacrifices ?

Au moyen de la grande culture, on obtiendra sur-le-champ de grands et nombreux produits. Notre marine marchande, obligée de repartir sur lest pour son retour en France, est dans la nécessité de faire payer un double nolis pour les marchandises qu'elle transporte en Afrique. Un navire de 300 tonneaux, chargé de 50,000 fr. de marchandises, perçoit, à 20 fr. le tonneau, 6000 fr. de nolis. Cela fait une augmentation de 40 p. %. Le destinataire est donc forcé de vendre la cargaison au moins 60,000 fr. s'il veut ne pas perdre. Il paie l'expéditeur en argent, et ne fait, avec les mêmes fonds, qu'une affaire dans un espace d'environ trois mois au moins. Supposez, au contraire, qu'il puisse acheter sur les marchés du blé, de l'huile, de la laine, du tabac, du coton, du sésame, des peaux, etc., il charge le navire qu'il vient de recevoir, et l'armateur, qui sait qu'il doit trouver un chargement en Afrique, n'aura pris que 4000 fr. de nolis au lieu de 6000 fr. Il repart pour France avec un nolis de 4000 fr. encore : il a donc gagné 2000 fr. de plus dans son voyage. De son côté le négociant peut vendre la cargaison de 50,000 fr. 58,000 au lieu de 60,000, tout en conservant le même bénéfice, et comme il paie son expéditeur, non pas avec de l'argent, mais avec des marchandises achetées en Afrique, marchandises sur lesquelles il gagne encore 7 et 8 p. %; il a donc, par le fait, un bénéfice net de 8,000 fr. au lieu 4,000 fr., qu'il avait en payant en argent. Ainsi l'armateur, le négociant et le consommateur, tout le monde gagne davantage en payant moins.

Je rougis, en vérité, d'avoir à faire de telles observations qui sont si bien à la portée des intelligences les plus minces ; mais il faut bien les faire cependant, puisque personne n'a l'air d'y songer.

Si jusqu'ici je ne me suis pas trompé sur les avantages et la nécessité du plan que je propose; s'il est vrai que son exécution immédiate rendrait plus facile ce qui reste à faire par les armes, puisque la création de ces fermes nombreuses, habitées par des hommes robustes, et construites de manière à présenter partout des obtacles à la marche de l'ennemi, ménagerait nos soldats et nous mettrait dans le cas d'en diminuer le nombre; s'il est évident, enfin, qu'au moyen de ces grandes cultures nous obtiendrions des produits qui fourniraient un aliment essentiel, indispensable même à notre commerce; il faut donc se hâter d'adopter ce plan, ou du moins quelque chose qui lui ressemble.

Mais on ne manquera pas de me faire une objection plus spécieuse que solide.

Où sont, me dira-t-on, les capitalistes qui voudront hasarder leurs fonds dans une entreprise de ce genre? Quels sont les hommes qui consentiront à quitter leur patrie, leurs familles, leurs amis, les délices de la France, en un mot, pour venir sous un climat dévorant, tenter un essai qui peut ne pas réussir et dont le succès, après tout, n'augmenterait que d'un quart ou d'un tiers la fortune de ceux qui voudraient faire cette spéculation? Et les chances redoutables du climat, qui voudra les affronter? Et la sécurité des cultivateurs, des propriétaires eux-mêmes, qui voudra la garantir? Et les hommes de travail, où les prendra-t-on? Aucune de ces objections, si puissantes au premier coup-d'œil, ne saurait tenir contre un instant de réflexion.

Les capitalistes se trouveront parmi les mêmes hommes qui placent leurs fonds dans les chemins de fer, et qui se croient très-heureux d'en retirer 7 à 8 p. °/₀ d'intérêt. Je fais, on le comprend, abstraction de l'agiotage qui ruine les uns s'il enrichit les autres : je ne parle et ne dois parler que des véritables capitalistes et non pas des joueurs, race toujours funeste sur quoi que s'exerce sa déplorable passion.

Or, le placement sur les terres de l'Algérie présentant un intérêt de 10 p. °/₀ au moins, au lieu de 7 ou 8, sera certainement préféré, puisque le capital tendra toujours à s'accroître assis qu'il sera sur la chose du monde la plus sûre, la terre et ses produits.

Il n'est pas du tout indispensable que les acquéreurs viennent s'établir définitivement dans le pays : cela vuadrait mieux sans doute, mais on peut s'en dispenser. On doit très bien comprendre qu'il suffira de faire un voyage sur les lieux, voyage de quelques mois, et que si dix capitalistes, par exemple, s'associent en mettant en commun cinq millions, l'un d'eux peut être chaque année délégué pour aller inspecter et les constructions, et les travaux agricoles, et la bonne direction de ces travaux, et le placement des produits, et la conduite des différents agents de l'entreprise.

On ne voudra pas, dites-vous, s'exposer à de si grandes chances pour le mince avantage d'augmenter d'un quart ou d'un tiers une aisance dont on peut jouir en France.

Mais c'est cependant quelque chose que cette chance à peu près certaine, et je soutiens, en outre, que le capital sera très probablement doublé dans l'espace de douze années.

D'autres que moi feraient intervenir ici le patriotisme, le noble désir de venir en aide au pays..... Hélas ! je connais trop bien le mien pour croire encore à ces grands sentiments dont on parle d'autant plus qu'on les pratique moins. Le patriotisme est un mot dont on se sert comme de celui de très humble serviteur au bas d'une lettre : on sait que c'est le mot d'obligation , et ce n'est pas dans un siècle d'égoïsme comme le nôtre , où nos institutions nouvelles ont substitué l'individualisme à l'esprit de famille , source du véritable patriotisme, que l'on peut espérer de trouver quelqu'un qui fasse véritablement une chose par dévouement à la patrie.

Pour le manufacturier, fabriquer beaucoup et surtout à bas prix , au risque de faire mourir l'ouvrier de faim ; pour le négociant , acheter et vendre la marchandise sans s'inquiéter de la qualité , pourvu que le bénéfice soit au bout ; pour le notaire, dresser incessamment des actes bien ou mal rédigés ; pour l'avocat , plaider toutes les causes quelles qu'elles soient ; pour l'avoué , traîner toutes les affaires en longueur , c'est-à-dire jusqu'au moment où le client cesse de pouvoir payer les honoraires ; pour les employés de l'État de tous rangs et de tous genres , obtenir de l'avancement , ne viser qu'à l'avancement, utile ou non à la marche des affaires ; voilà ce que pense chacun ; voilà dans quel sens chacun parle , agit , travaille , intrigue , se multiplie , s'inquiète et dirige toutes ses actions.

Il est cependant de nobles exceptions , surtout dans cette armée d'Afrique , si patiente dans son exil , si pleine de dévouement dans ses fatigues , et dont le chef qui la commande pourrait jouir en repos de la gloire et des récompenses qu'il a si bien méritées. N'est-ce pas, en effet, le plus noble dévouement au pays qui le fait rester à son poste, au milieu de fatigues et de périls sans cesse renaissants ? Qu'a-t-il besoin de prolonger son séjour ici ? N'a-t-il pas rempli sa tâche ? Lui seul répond : non ; lui seul s'applique ce que disait Lucain en parlant d'un grand général ;

Nil actum reputans si quid superesset agendum.

Et vous avez osé dire que l'amour de son traitement le retenaît en Afrique ! Taisez-vous, ignobles accusateurs, car vous n'avez rien de français dans l'âme.

Je demande pardon à mes lecteurs de cette digression intempestive : je devrais, avec mes cheveux blancs, savoir mieux contenir l'amertume de mon indignation : je reviens à mon sujet dont je ne m'écarterai plus.

Les capitalistes viendront en Afrique, ou du moins y verseront leur argent dès qu'ils sauront qu'ils peuvent le faire avec sécurité, dès que le gouvernement voudra leur vendre de vastes terrains. Les travailleurs viendront naturellement à la suite de l'argent, parce qu'un valet de charrue, que l'on paie en France de 300 à 350 fr., sera charmé d'en gagner 600, avec la même nourriture et quelques habits de plus que dans son pays.

L'objection de l'insalubrité du climat est puérile, pour ne pas dire absurde : sera-t-il plus insalubre pour des hommes jeunes, robustes, certains d'être bien vêtus, bien nourris, bien logés, que pour les faibles et pauvres colons que nous envoie la métropole, et qui ne savent pas s'ils trouveront sur une terre étrangère la modique subsistance qu'ils gagnaient avec tant de peine dans leurs villages.

Vous envoyez cependant ces hommes en Afrique : est-ce donc pour les faire mourir (1)?

(1) Il arrive en Afrique, et tous les jours, une grande quantité d'ouvriers maçons. Presque tous viennent du Nord de l'Italie. Ces hommes sont généralement fort économes et fort laborieux. Aussi gagnent-ils de fortes journées, dont chaque mois il font passer le produit à leurs familles, après avoir payé leur entretien et leur nourriture.

Le génie emploie volontiers ces ouvriers, qu'il paye 5, 6 et même 7 fr. par jour.

Ces hommes n'ont pas peur du climat, qui présente cependant de si notables différences avec celui de leur patrie. Pourquoi donc les Français ne vien-

J'ai présenté les objections dans toute leur force, je crois les avoir victorieusement combattues, surtout en ce qui regarde le placement de fonds sur les terres de l'Algérie, de préférence au placement sur les chemins de fer.

Qu'est-ce en effet qu'un chemin de fer? Une belle, une intéressante entreprise qui ne pouvait plus s'ajourner, lorsque toutes les nations voisines s'en occupaient. Mais le capital placé sur cette entreprise tend naturellement à décroître, parce qu'un chemin de fer ne peut pas durer toujours, quelque perfection qu'on apporte à sa confection, tandis que la terre augmente toujours, et dans la proportion exacte de l'augmentation du signe représentatif de toutes les richesses, l'argent.

Le chemin de fer n'est pas une richesse par lui-même, ce n'est qu'un moyen plus facile, plus prompt, plus commode de la faire circuler ; la terre, au contraire, c'est la richesse elle-même, car c'est elle qui produit tout ce qui sert de matière au commerce et par conséquent à la circulation.

Un exemple me fera mieux comprendre.

Un père, en mourant, a légué cent mille francs à chacun de ses trois fils, à l'époque où le marc d'argent valait cinquante francs, c'est-à-dire il y a cent ans, avec la condition que l'aîné ferait, avec ses cent mille francs, l'acquisition d'une terre à vingt lieues de Paris; que le second placerait son legs sur le canal de Givors, et que le cadet achèterait avec le sien, des rentes sur l'Hôtel-de-ville.

draient-ils pas également ? L'argent du moins ne sortirait pas de chez nous. C'est une des grandes causes de la rareté du numéraire. Dix à douze millions par an s'en vont par ce moyen à l'étranger pour ne plus revenir.

En fait de Français nous avons beaucoup de vendeurs de comestibles et de liqueurs, mais nous n'avons pas d'ouvriers.

Les jardins autour des villes sont principalement cultivés par des Espagnols, des Sardes et des Maltais.

L'aîné se trouvait fort mécontent de l'obligation imposée par son père pour l'emploi de son legs, car les quatre cents arpents de terre qu'il avait achetés ne lui rapportaient qu'avec peine 3500 fr. par an, tandis que son second frère touchait un revenu de 7000 fr. sur le canal de Givors, au moyen de ses cent actions, et que le dernier en touchait un de cinq mille très régulièrement payés.

Cent ans plus tard, et de génération en génération, chacun des legs est parvenu dans son entier aux descendants des trois frères. Dans l'intervalle, un appel de fonds a mis le second fils dans la nécessité de verser, en plusieurs fois, 50,000 fr. pour conserver ses cent actions sur le canal, et ces cents actions ne valent plus aujourd'hui, grâce au chemin de fer de St.-Etienne, que ce qu'elles valaient lors de leur émission. Le cadet a vu ses rentes sur l'Hôtel-de-Ville diminuer d'un tiers, et si cette espèce de banqueroute n'eût pas eu lieu, ses descendants n'auraient toujours que 5000 fr. de rentes.

Pendant ce temps, que sont devenues les terres du fils aîné ? Ces terres qu'il avait payées 250 fr. l'arpent, en valent aujourd'hui 1200 et sont louées 36 fr. impôt déduit. Ses héritiers ont donc 14,400 fr. de rentes, tandis que leurs parents n'ont toujours que leurs 5000 fr. Les héritiers de l'aîné peuvent encore faire dans le monde la figure qu'y faisaient leur aïeul, puisqu'ils ont précisément la même fortune qu'il avait alors, tandis que les héritiers des deux autres fils n'ont que le tiers du bien-être dont jouissait ce même aïeul.

C'est une vérité sur laquelle on ne saurait trop insister, vérité qu'il faut répéter jusqu'à satiété ; c'est que les routes, les canaux, les chemins de fer facilitent les communications et font qu'une province ne manque pas de denrées dont regorge parfois une province voisine et dont elle peut se défaire avec avantage faute de route pour les transporter. Telle était la situation des deux Castilles en Espagne, dont l'une payait le pain fort cher, tandis que dans l'autre, il était à trop bas prix, parce que celle-ci ne savait comment faire parvenir chez sa voisine la surabondance de ses blés dont le transport coûtait fort cher. Mais ces mêmes chemins ne créent rien, et si l'on peut comparer, avec raison, les rivières et les routes aux artères du corps humain, en poursuivant la comparaison, on trouvera qu'il faut quelque chose pour alimenter les artères.

Les vaisseaux et les artères ne suffisent pas seuls pour porter la vie dans l'économie animale ; il faut encore que l'estomac prépare et distribue les aliments à porter dans chaque partie du corps.

Mes lecteurs trouveront à la fin de cet opuscule un tableau présentant les résultats d'une exploitation agricole de 5000 hectares pour une période de dix années. Ces résultats trouveront peut-être des incrédules, précisément parce qu'ils sont extrêmement avantageux. Mais si l'on veut se donner la peine de considérer que je suppose l'acquisition faite au prix de cent francs l'hectare, non-seulement on ne regardera plus le bénéfice obtenu comme un bénéfice chimérique, mais il sera fort possible qu'on le trouve trop modique.

En effet, que coûte en France une ferme de 200 hectares, le logement du fermier et les bâtiments d'exploitation compris ? de 450 à 550 mille francs ; terme moyen 500 mille francs.

Que rapporte-t-elle à son propriétaire ? 15 mille francs, impôts déduits, c'est-à-dire, 3 p. $^0/_0$ du capital, et ce placement est considéré comme avantageux.

Les frais d'exploitation d'une ferme de 200 hectares sont d'à peu près 18 mille francs, répartis ainsi qu'il suit :

| | |
|---|---:|
| Semences en blés, pour 62 hectares. . . . . . . . . . F. | 3,000 |
| Semences en avoine et luzerne. . . . . . . . . . . . | 2,000 |
| 4 charretiers à 800 fr. par an pour gages et nourriture.. | 3,200 |
| Pour le fermier qui tient la place et fait à peu près l'ouvrage d'un charretier. . . . . . . . . . . . . . . . . . | 800 |
| 2 Filles de basse-cour. . . . . . . . . . . . . . . . . | 1,100 |
| 1 Berger et ses chiens. . . . . . . . . . . . . . . | 1,000 |
| Entretien des harnais de dix chevaux, abonnement à 40 fr. par an. . . . . . . . . . . . . . . . . . . . . | 400 |
| Ferrure des chevaux à 4 fr. par mois. . . . . . . . . | 480 |
| Perte d'un cheval par année. . . . . . . . . . . . . | 600 |
| 2 paires de roues neuves à 60 fr. . . . . . . . F. 120 | |
| Réparations annuelles de charettes, tombereaux, charrues, herses, rouleaux. . . . . . . 780 | 900 |
| Au Forgeron : | |
| Emballage de roues, frettes, chaînes, avaloirs mécaniques, dents de herses, socs des charrues, coultres, essieux et y compris 450 k. fer. . . . . . . . . . . . . . . . | 700 |
| Moisson de 133 hectares à 18 fr. . . . . . . . . . . | 2,400 |
| Fauchage et fanage de 67 hectares prairies. . . . . . | 1,340 |
| | 17,920 |
| Impôts à payer par le fermier, indépendamment du prix du bail . . . . . . . . . . . . . . . . . . . . . | 3,000 |
| Bail . . . . . . . . . . . . . . . . . . . . . . . | 15,000 |
| Entretien du fermier et de sa famille, éducation de ses enfants, etc. . . . . . . . . . . . , . . . . . . . . | 3,500 |
| Bénéfice annuel du fermier. . . . . . . . . . . . . | 4,000 |
| Redevances en voiturages, poulets, canards, dindons et beurre, presque toujours stipulées dans tous les baux à ferme . . . . . . . . . . . . . . . . . . . . . . . | 500 |
| | 43,920 |

On voit par là que la ferme doit rapporter tous les ans une somme de 44 mille francs. Je n'ai porté pour le produit d'une ferme pareille en Algérie que 36,359 fr., suivant le tableau que je place à la fin de cet ouvrage; c'est donc près de huit mille francs de moins, et cependant on peut avoir ici des produits plus avantageux qu'en France.

Les frais d'exploitation sont de 18 mille francs en France et je les ai portés en Algérie à 28,369 fr., c'est-à-dire, à 10,369 fr. de plus. C'est une augmentation considérable et qui diminue d'autant le revenu de chacune de nos 25 fermes, mais, grâce à la modicité des capitaux employés à leur acquisition, nous n'en conservons pas moins un revenu de 10 p. %.

Il est donc évident que l'on doit plutôt s'étonner de ne retirer que 10 p. % du capital, qu'être surpris d'un tel produit.

Je n'ai pas besoin de faire observer que si l'état voulait retirer, des terres dont il peut disposer, un prix beaucoup plus élevé que celui qui fait la base de mon calcul, il deviendrait fort difficile de trouver des capitalistes pour cette spéculation, parceque les bénéfices n'en seraient pas assez considérables pour les tenter quoique ce fût encore un bon placement.

Je crois devoir, maintenant, donner quelques explications sur le tableau de dix années d'exploitation que je présente, afin d'épargner des recherches à mes lecteurs et de n'être pas obligé de les inscrire dans le tableau même, ce qui pourrait nuire à la clarté.

La 2me année contenant le détail à peu près exact des dépenses, il devenait inutile de le répéter pour les autres années.

J'ai compris dans le détail des produits de la 2e année 10 hectares ensemencés en haricots, pois, fèves, maïs, etc. et 10 hectares de pommes de terre. On remarquera que je n'ai porté le prix de cette denrée qu'à 6 fr. le quintal métrique ( 3 cent.

la livre) et que je n'ai sorti que le chiffre de 7,000 fr. au lieu
de celui de 14,400 fr. afin de ne pas m'occuper des frais de
sarclage, et de rester au-dessous de la vérité. La même observation doit s'appliquer aux 10 hectares de haricots, fèves, pois,
etc. dont je n'ai porté le produit qu'à 400 fr. l'hectare, produit évidemment inférieur à ce qui doit être, et j'ai même encore diminué le chiffre total de moitié, puisque je n'ai porté que
50,000 fr pour 25 fermes, au lieu de cent mille.

En fixant le prix de l'orge à 6 fr. l'hectolitre et celui du blé
à 9 fr. je n'ai pas à craindre une diminution, et pour peu que
le prix augmente de 2 fr. par hectolitre, voilà tout de suite
plus de cent soixante mille francs de gagnés.

Chaque vache doit donner un veau tous les ans : je n'en
compte que 150 au lieu de 750.

Il en est de même des moutons et de tous les autres produits
de la basse-cour. Dans une appréciation de cette nature, il
vaut mieux se tromper en moins qu'en plus.

Le lait de 600 vaches n'est compté que 31 cent. par jour.

A la 3me année les terres étant améliorées par la culture et
les engrais, et l'expérience commençant à se former, les produits des récoltes obtenues par le labourage augmentent déjà.
C'est pourquoi j'ai cru pouvoir porter une somme de 3150 fr. en
plus à chaque ferme, et par conséquent 900,000 en tout.

A la quatrième année, toutes les terres sont en culture, les
7 hectares consacrés dans chaque ferme au jardinage fournis-
sent abondamment les légumes dont on a besoin pour la
nourriture des ouvriers, et les frais se trouvent ainsi diminués
de tout ce qu'aurait coûté ce qu'on n'est plus obligé d'acheter.
La mise en valeur de ces jardins se fait assez aisément, car nos
dix charretiers n'ont plus assez d'ouvrage de labour.

Sur les 375 chevaux, trente ont été réformés et remplacés ;

les harnais, les voitures et les charrues sont en bon état, grâces aux 45,000 francs employés chaque année à leur entretien : Les arbres plantés, et provenant en grande partie du semis de nos pépinières, commencent à se couvrir de branches et de feuilles : les vingt hectares mis en prairie, choisis parmi les terrains les plus convenables à ce genre de culture, donneront des fourrages qui nourriront bien mieux nos bestiaux, obligés, jusqu'alors, de ne vivre que des pailles de la ferme et de ce qu'ils trouvent dans les champs. On aura même des betteraves pour rafraîchir les vaches.

D'un autre côté, nous aurons fait quelques essais en tabac, coton, sésame, garance, colza, etc. Ces différentes denrées donnent bien plus de profit que les céréales : mais, je n'en continue pas moins à ne porter pour le produit de nos 4125 hectares, que de l'orge, du blé et des pommes de terre, car si, même avec cette culture désavantageuse, nous obtenons cependant un résultat de dix pour cent d'intérêt de notre capital, à plus forte raison obtiendrons-nous ce même résultat avec des cultures plus productives. Le climat de l'Algérie est si favorable que l'on peut varier considérablement les cultures et par conséquent avoir toujours quelque chose à cueillir.

Je suppose que la cinquième année sera calamiteuse, par conséquent je n'en porte le produit qu'à 600,000 francs, tandis que les dépenses se sont élevées à 765,000 francs.

Je diminue le chiffre des dépenses de la sixième année, parce que nous n'avons plus de plantations et de fossés à faire ; il en est de même pour la septième année.

Arrivés à la huitième année, les essais tentés pour la culture du tabac, du coton, etc., nous ont acquis la preuve que l'on pouvait avec avantage certain, se livrer à ce genre de culture,

et nous avons réussi. Cependant, je ne porte encore en ligne
de compte que le produit ordinaire.

Mais à la neuvième année nous avons obtenu des résultats
si positifs, qu'il faut bien en tenir compte : C'est la raison pour
laquelle je porte le produit de 500 hectares à 600 francs ; 500
à 700 francs ; 1600 hectares à 200 francs ; 1200 hectares à
175 francs ; 500 hectares à 1000 francs et 525 de prairie
pour mémoire, puisqu'ils ne servent qu'à la nourriture de nos
bestiaux, laissant toujours de côté les terres en jardin qui,
cependant, produisent un avantage notable pour chaque
ferme.

Nos troupeaux se sont considérablement accrus : nos vaches
mieux nourries donnent beaucoup de lait, j'ai donc augmenté
de mille francs par ferme le produit de la basse-cour.

Enfin, la dixième année, je suppose encore des intempéries,
et je ne porte le produit des terres qu'à 600,000 francs, mais
j'augmente celui des autres productions, car nous avons à
vendre cette année la récolte de nos feuilles de mûriers, si
nous ne voulons pas établir nous-même une Magnanerie.

D'après le tableau des produits, le propriétaire a reçu trois
millions en dix ans, c'est-à-dire trois cent mille francs par an.
Il lui reste encore en caisse sept cent soixante-dix mille fr., et si
l'on m'objecte que je n'ai fait aucune mention des impôts, je ré-
pondrai qu'en affectant une partie de la somme en caisse à cette
destination, nous aurons pu donner à l'état quarante mille
francs par an pendant dix ans, et que nous aurons encore en
caisse un excédant de trois cent soixante-dix mille francs qui
peuvent être employés à récompenser le régisseur-général et
les deux commis.

Je crois fermement qu'à la fin de cette période de dix années il serait extrêmement facile de louer chacune des vingt-

cinq fermes douze mille francs net, ce qui porterait le prix de location de chaque hectare à 60 francs, et le fermier qui prendrait le bail ferait assurément une excellente affaire. Quant au propriétaire, le prix de location représenterait un capital de mille francs par hectare en calculant au taux de 6 %. Il retirerait en outre du fermier le prix du matériel et des bestiaux de la ferme qui ne peuvent pas être estimés moins de 24,000 fr. pour chaque ferme et pour les 25 fermes 600,000 francs.

Le capital employé n'est que de 3,000,000, puisque nous avons 2,000,000 placés sur hypothèques, or nos 50,000 hectares ayant acquis désormais une valeur de mille francs nous avons donc réellement cinq millions, plus le matériel et les bestiaux des fermes, et enfin l'excédant en caisse, ce qui porte le capital des trois millions employés à 6,000,000.

Pendant que je m'occupais de ce travail, plusieurs personnes m'ont successivement fait cette objection, que le pays ne présentait pas assez de sécurité pour que l'on pût se décider à pratiquer la colonisation sur une grande échelle.

Mais l'objection, si c'en est une, s'applique aussi bien et mieux encore aux hommes denués de ressources que vous envoyez ici; car vous êtes obligé de faire pour eux d'énormes sacrifices sans grands résultats, tandis qu'avec le moyen que je propose, l'état reçoit au lieu d'avoir à faire le sacrifice d'environ 1500 francs par chaque famille qu'il envoie mourir ici de misère et de faim.

Est-ce que nos trois cents hommes distribués dans les 25 fermes sur un carré de quatre lieues ne seront pas plus en état de se défendre que la chétive population de femmes et d'enfants que vous envoyez sur une étendue de 1000 à 1200 hectares? Ne voyez-vous donc pas que pour construire les bâtiments de nos 25 fermes il faut à peu près quatre cents maçons et que

voilà 700 hommes environ sur une espace de quatre lieues
pendant un an? Est-ce que nos trois cents laboureurs ou bergers ne seront pas plus en état de se défendre et d'imposer
à l'ennemi, même sans le secours des quatre cents ouvriers
maçons et charpentiers, que la faible population que vous envoyez, population n'ayant qu'un seul individu, sur cinq, capa-
ble de porter les armes, car une femme et trois enfants ont
besoin de protection bien loin de pouvoir se défendre?

Il y a donc plus d'avantage, pour la sécurite générale, dans
le plan que je propose, que dans celui de la création de quelques villages dénués de ressources et n'ayant qu'une population
naturellement faible et timide, en raison même de son nombre
et de sa composition. Au surplus, la construction de nos vingt-
cinq fermes sur une étendue de 5000 hectares, n'empêcherait
nullement, si l'on y tient, de créer un village à proximité,
village de 150 à 200 feux, ayant un territoire de 600 à 800
hectares.

Les ouvriers d'art, dont nos fermes ont nécessairement besoin, tels que menuisiers, charpentiers, forgerons, bourreliers,
charrons, maréchaux-ferrants, etc., etc., y trouveraient au
contraire tout naturellement leur place.

Mon système n'exclut personne; la grande et la petite pro-
priété se prêteront un mutuel appui, celle-ci par les ouvriers
qu'elle fournira dans les moments où les travaux seront ur-
gents; celle-là par l'ouvrage qu'elle pourra donner à des
hommes quelquefois inoccupés.

Je supplie que l'on veuille bien y réfléchir sérieusement.
Cette fortune que j'engage à donner à des personnes déjà riches
doit tourner, en définitive, au profit de la mère-patrie, parce
que c'est le moyen d'accélérer la colonisation et de la rendre
complète en moins de deux ans. Elle diminuera sur-le-champ le

chiffre énorme de nos dépenses, parce qu'elle doit forcément amener avec elle une sécurité parfaite en raison directe de la masse des habitants qu'elle appellera, car la foule se précipite par tout où se trouvent des chances nombreuses de travail et de gain.

Je croirais manquer à tous mes devoirs et de bon citoyen et de chrétien catholique, si je ne profitais de cette occasion pour demander que l'on s'occupe enfin des besoins religieux de la population qu'on laisse, sous ce rapport, dans un honteux et déplorable abandon.

Dans un grand nombre de localités les habitants n'ont aucun moyen de remplir les devoirs de la religion ou d'un culte quelconque. Hommes, femmes, enfants, tout cela naît, vit et meurt sans entendre jamais prononcer le nom de la divinité, si ce n'est lorsque l'un d'eux, animé par la colère ou l'ivresse, en blasphème le nom sacré. Croit-on qu'il soit possible qu'une telle société, privée de toute instruction morale et religieuse, ne se livre pas bientôt aux désordres qu'entraînent les passions lorsqu'on ne leur oppose pas le plus léger frein? Il faudrait le lui donner ce frein, lors même qu'elle n'en voudrait pas, car il serait un puissant auxiliaire des lois, dont le but est aussi bien de prévenir que de réprimer le mal.

Dira-t-on que si la majorité d'une population repousse un culte quelconque, il faut bien se garder de chercher à l'établir, parce que ce serait attenter à la liberté? Mais cependant chaque jour vous faites des lois que le bon sens et la justice regarderont comme indispensables, et que bien souvent la majorité repousserait également si vous preniez le souci de la consulter! Vous passez outre néanmoins et vous avez parfaitement raison ; or, puisque ce que vous faites dans un cas semblable a l'approbation des gens sensés, et c'est toujours le petit nombre, qu'avez-vous besoin de celle de la multitude ?

Pourquoi donc ne pas faire en faveur de la religion, dont on ne saurait nier la salutaire influence, ce que vous faites pour des lois et des règlements, qui cependant contrarient une foule d'individus ?

Mais il n'est pas vrai que la population repousse l'établissement du culte catholique ; ce culte éminemment bienfaisant et consolateur ; ce culte à qui les rêveries du fouriérisme sont obligées d'emprunter leur base afin qu'à la vue de ce fondement divin on croie à la réalité de l'édifice ; ce culte dont le protestantisme aux mille sectes nous envie la majestueuse unité, ce culte, la population au contraire le demande. Elle en a besoin dans ses longues misères, si dans ses joies fugitives elle paraît quelquefois l'oublier.

La jeune fille qui, dans sa courte existence, ne semblait occupée que de ses plaisirs et buvait à longs traits dans la coupe enivrante de la volupté, sans crainte et sans remords, appelle en gémissant à son heure dernière, le prêtre qui seul peut adoucir pour elle ce rude passage de la vie à la mort : sa voix plaintive le demande à chaque instant ; elle répète sa prière suppliante à tous ceux qui l'entourent sur son lit de douleur, et le triste silence qu'elle obtient pour unique réponse à ses questions multipliées : viendra-t-il ? N'aurai-je pas un ministre du Seigneur pour recevoir l'aveu de mes fautes et m'en obtenir le pardon ?..... Où donc est le prêtre ? Oh ! je vous en prie, un prêtre.... Ce silence effrayant porte le désespoir dans le cœur de la pauvre enfant, et si sa main défaillante s'efforce encore de faire pour la dernière fois le signe du salut, son dernier souffle murmure aussi le nom de Dieu !

Chose étrange et qu'on ne sait de quel nom appeler ! On construit dans une ville toute française, dans une ville où n'existait pas en 1837 une seule tente arabe, on construit une mosquée pour les musulmans , dont pas un n'habite la cité, mais on laisse cinq mille chrétiens sans le moindre édifice pour leur culte.

C'est un acte de sage tolérance et de politique habile, me dit-on avec un air superbe de supériorité !..... Soit ; ce n'est pas moi qui vous reprocherai ni la tolérance , ni les nécessités de la politique : vous avez parfaitement bien fait de donner un temple aux Arabes ; mais ne devez-vous rien aux autres ? Est-ce à moi de vous rappeler à cette égalité de droits dont vous avez partout proclamé le principe, les armes à la main, oublieux que vous étiez que l'Évangile l'avait enseignée avant vous, et mieux que vous cette égalité sainte que n'ont jamais méconnue les vrais chrétiens ?

Hâtez-vous donc, quand il en est temps encore, de réparer et vos erreurs et vos oublis. Hâtez-vous de donner à cultiver cette terre acquise au prix de notre sang ; hâtez-vous de la donner à ceux qui peuvent la féconder, puisque vous rejetez la colonisation militaire, cette colonisation que le bon sens et la justice indiquaient également. La question du gouvernement civil , question oiseuse pour le moment , viendra plus tard et sans efforts. La force des choses l'amènera naturellement. Les grands législateurs ont attendu que les peuples existassent avant de faire des lois pour eux, et c'était sagesse, car il faut que la chose *soit* avant d'en régler l'usage.

# TABLEAU

*Des dépenses à faire pendant une période de dix années, pour l'achat de cinq mille hectares de terre en Algérie, la construction de vingt-cinq fermes, le mobilier et les instruments aratoires de chacune d'elles, les bestiaux, les semences et les gages, et la nourriture des ouvriers.*

## 1er Septembre 1846.

| | | | |
|---|---|---:|---|
| Achat de 5,000 hectares de terres, à 100 fr............ | | F. 500.000 | » |
| Constructions sur chacune des vingt-cinq fermes : 1° d'un logement pour le fermier; 2° d'une écurie pour 15 chevaux; 3° d'une étable pour 40 à 50 vaches; 4° d'un hangar pour abriter les moutons; 5° d'une grange pour serrer les récoltes les plus précieuses; 6° d'une laiterie; 7° d'un toit à porcs et d'un poulailler; 8° d'un fournil; 9° d'un mur de clôture ou d'un fossé d'enceinte, à raison de 50,000 fr. par ferme.............. | | 1,250,000 | » |
| Mobilier du logement............ | F. 3,000 » | | |
| Matelas, couvertures, 24 draps de lit, 12 bois de lit pour les charretiers.................... | 1,000 » | | |
| Deux grandes charrettes et un tombereau...... | 3,000 » | | |
| Dix charrues, quatre herses, deux rouleaux... | 1,200 » | | |
| Cribles, vases, tarares, fléaux, faucilles et faulx. | 500 » | | |
| Quinze chevaux et leurs harnais, à 620 fr...... | 9,300 » | | |
| Trente vaches, à 100 fr.................. | 3,000 » | | |
| Trois cents jeunes brebis, à 10 fr............ | 3,000 » | | |
| Cent poules, dix coqs, quarante canards, vingt oies, vingt dindons.................... | 500 » | | |
| Cinq porcs de six semaines................ | 100 » | | |
| Cent quatre-vingt-dix hectolitres blé pour ensemencer 78 hectares, à 20 fr.................. | 3,800 » | | |
| Cent quatre-vingts hectolitres d'orge pour ensemencer 78 hectares, à 10 fr................ | 1,800 » | | |
| Mille kil. pommes de terre pour ensemencer 4 hectares, à 15 fr. les 100 kil........... | 150 » | | |
| Outils et semences de jardinage............ | 150 » | | |
| Ustensiles et vases à l'usage de la laiterie..... | 400 » | | |
| Dépenses imprévues .................... | 3,100 » | | |
| Frais de voyage des cultivateurs, transport du matériel et installation...................... | 16,000 » | | |
| Total pour chaque ferme....... | F. 50,000 » | | |
| Et pour les vingt-cinq fermes..................... | | 1,250,000 | » |
| Gages et nourriture de 250 charretiers, à 1,100 fr........ | | 275,000 | » |
| Gages et nourriture de 50 vachères et de 25 bergers, à 1,000 f.. | | 75,000 | » |
| Régisseur-général, deux commis et frais de bureau. ...... | | 12,500 | » |
| Nourriture de 375 chevaux pendant dix mois, du 1er septembre au 1er juillet, à 1 fr........................ | | 112,500 | » |
| Ferrage et vétérinaire, à 1 fr. par mois................ | | 15,000 | » |
| *A reporter*........................ | | F. 3,490,000 | » |

# TABLEAU

*Des produits du capital de 5,000,000 fr. et de l'exploitation des 5,000
hectares de terre en Algérie, pendant une période de dix années.*

### 1er Septembre 1847.

Les dépenses étant successives, on pourra facilement disposer
d'un million placé par première hypothèque sur des propriétés
bâties à Alger au taux de 6 p. 0/0.

| | | |
|---|---:|---|
| Intérêts sur 1,000,000........ ..................... | F. 60,000 | » |
| 73 hectares ensemencés en blé, sur chaque ferme, ensemble 1,950 hectares, auront produit à 20 hectolitres l'hectare, 39,000 hectolitres, à 10 fr...................................... | 390,000 | » |
| 75 hectares ensemencés en orge, sur chaque ferme, ensemble 1875 hectares, auront produit, à 25 hectolitres l'hectare, 46,875 hectolitres, à 7 fr...... ..................... | 328,000 | » |
| 1,200 moutons vendus à la boucherie.................... | 12,000 | » |
| 50 veaux donnés par 750 vaches, vendus pour la boucherie, à l'âge de deux mois et demi, à 30 fr....................... | 1,500 | » |
| Produit du lait de 500 vaches, à 25 c. par jour............. | 45,625 | » |
| 6,250 toisons de laine, à 2 fr ....................... .. | 12,500 | » |
| OEufs, poulets, oies, canards, dindons, à 1,000 fr. par ferme, donneraient 25,000 fr., que l'on ne porte qu'à............... | 15,000 | » |
| | 864,625 | » |
| Le capital était de...................... | 5,000,000 | » |
| | 5,864,625 | » |
| Il a été placé .......................... F. 1,000,000 ⎰ Dépenses faites jusqu'au 1er septembre ....... 3,490,000 ⎱ | 4.490,000 | » |

Reste en caisse au 1er septembre 1847............ F. 1,374,625 »

## DEUXIÈME ANNÉE.

*Report*............ F. 3,490,000 „

Gages et nourriture des 250 charretiers, des 50 vachères et 25 bergers, à 1,000 fr. par an les uns dans les autres, la ferme commençant à donner quelques produits qui diminuent les dépenses................................ F. 325,000

Régisseur-général et deux commis ........... 12,500

Nourriture de 375 chevaux pendant 14 mois.. 159,750

Ferrage et vétérinaire.................... 15,000

Perte de dix chevaux .................... 6,000

Réparations à payer annuellement au charron, au bourrelier, au forgeron, au cordier........ 45,000

Semences en blé, orge, pommes de terre, vesce, sainfoin, trèfle, luzerne, maïs, à 6,250 fr. par an pour chaque ferme........................ 156,250

Dépenses accidentelles imprévues et frais d'entretien des bâtiments....................... 28,000

F. 747,500 »

*A reporter*............... F. 4,237,500 »

## Suite du Tableau des Produits.

| | | |
|---|---:|---|
| *En caisse au 1er septembre 1847* ........ | F. 1,374,625 | ɩ |

### DEUXIÈME ANNÉE.

250 hectares plantés en pommes de terre auront donné 240 quintaux métriques par hectare, ensemble 60,000 quintaux, qui, au prix de 6 fr. le quintal, formeraient la somme de 360,000 fr., dont nous ne porterons que moitié, ce qui réduira le prix de cette denrée à 3 c. le kil. .................................... **180,000** »

250 hectares ensemencés en haricots, pois, fèves, lentilles, maïs, etc., à 400 fr. l'hectare, déduction faite des frais de sarclage, donneraient 100,000 fr., que nous ne porterons que par moitié .................................... **50,000** »

175 hectares mis en jardins, pépinières, semis de betteraves, colza, etc. *(pour mémoire)*

500 hectares préparés en prairies *(pour mémoire)*.

1,950 hectares en orge, à 25 hectolitres l'hectare, 48,750 hectolitres, à 6 fr. .................................... **292,500** »

1275 hectares en blé, à 18 hectolitres l'hectare, 33,750 hectolitres, à 9 fr. .................................... **303,750** »

| | | |
|---|---:|---|
| 200 moutons vendus à la boucherie...................... | 12,000 | » |
| 7,500 toisons à 1 fr. 50............................. | 11,250 | » |
| Produit du lait de 500 vaches, à 30 c. par jour............. | 54,750 | » |
| 200 veaux vendus à la boucherie, à 30 fr................. | 6,000 | » |
| 300,000 œufs de poules ou canards, à 3 c................. | 9,000 | » |
| 2,500 poulets, à 75 c................................. | 1,875 | » |
| 3,000 canards, à 1 fr................................. | 3,000 | » |
| 1,000 oies, à 1 fr. 50 c............................. | 1,500 | » |
| 300 dindons, à 4 fr................................. | 1,200 | » |
| 250 jeunes porcs de 10 mois, à 40 fr.................... | 10,000 | » |
| Intérêts des 1,000,000 fr. placés........................ | 60,000 | » |
| | F. 2,371,450 | » |
| Dépense de la deuxième année........ | 747,500 | » |
| Reste en caisse au 1er septembre 1848........ | 1,623,950 | » |
| Sur lesquels il sera payé au propriétaire....... | 600,000 | » |
| | 1,023,950 | » |
| Au 1er septembre 1848, placement de 500,000 f. sur hypothèque, ci | 500,000 | » |
| Reste en caisse.......... | 523,950 | » |

## Suite du Tableau des dépenses.

*Report* .............. F. 4.237.500  »

### TROISIÈME ANNÉE.

| | | |
|---|---|---|
| Gages et nourritures de 200 charretiers (50 sont supprimés), 50 vachères et 25 bergers, à 1,000 fr. | 275,000 | |
| Mêmes dépenses que l'année précédente pour le régisseur, la nourriture des chevaux, leur perte, l'entretien du matériel, etc.................. | 415,000 | 765.000 » |
| Plantation de 25,000 petits arbres en bordure, mûriers, ormes, arbres à fruits............. | 25,000 | |
| Fossés pour les arbres, fossés d'irrigation et autres travaux....................... | 50,000 | |

*A reporter*....................... F. 5,002,500  »

### QUATRIÈME ANNÉE.

Les dépenses se sont accrues par la nécessité de construire de nouveaux bâtiments pour les troupeaux, dont le nombre est augmenté; on portera 65,000 fr. de plus, et la dépense totale sera donc............................................ 830,000 »

### CINQUIÈME ANNÉE.

Dépenses........................................... 765.000 »

### SIXIÈME ANNÉE.

Les dépenses générales se trouvent réduites, soit à cause des frais de nourriture qui sont moindres, puisque l'on trouve des ressources dans le jardinage et quelques autres produits, soit parce que l'on n'a plus à s'occuper des plantations et des fossés, la diminution étant de 100,000 fr., il reste................. 665,000 »

*A reporter*............. F. 7,262,500  »

## Suite du Tableau des Produits.

| | | |
|---|---|---|
| En caisse au 1er septembre 1848...... | F. 523,950 | » |

### TROISIÈME ANNÉE.

| | | |
|---|---|---|
| Intérêts de 1,500,000 fr. du 1er septembre 1848 au 1er septembre 1849............................................ | 90,000 | » |
| Produit de 4,825 hectares ............................ | 900,000 | » |
| *A reporter* ......... | 1,513,950 | » |
| 600 vaches laitières, à 35 c. par jour................... | 76,650 | » |
| 300 veaux vendus au boucher, à 25 fr.................. | 7,500 | » |
| 10,000 toisons de laine , à 1 fr. 75 c................... | 17,500 | » |
| 2,000 moutons vendus au boucher, à 9 fr.............. | 18,000 | » |
| Œufs, poulets, oies, canards, dindons, à 800 fr. par ferme. | 20,000 | » |
| 250 porcs, à 40 fr................................... | 10,000 | » |
| | 1,663,600 | » |
| Dépenses de la 3e année................ F. 765,000 | | |
| Payé au propriétaire.................. 300,000 | 1,065,000 | » |
| Reste en caisse au 1er septembre 1849...... | 598,600 | » |

### QUATRIÈME ANNÉE.

| | | |
|---|---|---|
| Intérêts sur 1,500,000 fr. du 1er septembre 1849, au 1er septembre 1850........................................ | 90,000 | » |
| Produit de 4,825 hectares............................. | 900,000 | » |
| Produit de la basse-cour en lait, veaux, moutons, laines, œufs, volailles et porcs............................... | 150,000 | » |
| | 1,738,600 | » |
| Dépenses de la 4e année................ F. 830,000 | | |
| Payé au propriétaire.................. 300,000 | 1,130,000 | » |
| Reste en caisse au 1er septembre 1850...... | 608,600 | » |

### CINQUIÈME ANNÉE.

| | | |
|---|---|---|
| La récolte est mauvaise par suite d'intempéries, il y a diminution de moitié sur les récoltes, mais le produit de la basse-cour reste le même............................................ | 600,000 | » |
| Intérêts sur 1,500,000 fr. du 1er septembre 1850, au 1er septembre 1851........................................... | 90,000 | » |
| | 1,298,600 | » |
| Dépenses de la 5e année................. | 765,000 | » |
| Reste en caisse au 1er septembre 1851...... | 533,600 | » |

### SIXIÈME ANNÉE.

| | | |
|---|---|---|
| Intérêts sur 1,500,000 fr. du 1er septembre 1851, au 1er septembre 1852........................................ | 90,000 | » |
| Produits..., les mêmes que pour la 4e année............. | 1,050,000 | » |
| | 1,673,600 | » |
| Dépenses de la 6e année................ F. 665,000 | | |
| Payé au propriétaire.................. 400,000 | 1,065,000 | » |
| Reste en caisse au 1er septembre 1852...... | 608,600 | » |

## Suite du Tableau des Dépenses.

Report............ F. 7.262,500 »

### SEPTIÈME ANNÉE.

Mêmes dépenses que l'année précédente................. 665.000 »

### HUITIÈME ANNÉE.

Mêmes dépenses..................... .............. 665,000 »

### NEUVIÈME ANNÉE.

Mêmes dépenses....................... F. 665,000

Augmentation pour achats d'outils, instru-
ments, meubles, etc., et constructions pour la        800,000 »
culture du tabac. coton, colza, sésame, etc... 135,000

A reporter........,.... F. 9,392,500 »

## Suite du Tableau des Produits.

| | |
|---|---|
| En caisse au 1er septembre 1852......... | F. 608,600 » |

### SEPTIÈME ANNÉE.

| | |
|---|---|
| Intérêts sur 1,500,000 fr. du 1er septembre 1852 au 1er septembre 1853............................................... | 90,000 » |
| Produits, les mêmes que l'année précédente.............. | 1,050,000 » |
| | 1,748,600 » |
| Dépenses de la septième année........... F. 665,000 } Payé au propriétaire.................. 500,000 } | 1,165,000 » |
| Reste en caisse au 1er septembre 1852................. | 583,600 » |

### HUITIÈME ANNÉE.

| | |
|---|---|
| Intérêts sur 1,500,000 fr. du 1er septembre 1853 au 1er septembre 1854 :..................................... | 90,000 » |
| Produits supérieur à ceux de l'année précédente, en raison de la culture du tabac, du coton, etc., environ 50,000 fr........ | 1,100,000 » |
| | 1,773,600 » |
| Dépenses de la huitième année......... F. 66,5000 } Payé au propriétaire.................. 300,000 } | 965,000 » |
| Reste en caisse au 1er septembre 1854................. | 808,600 » |

### NEUVIÈME ANNÉE.

| | | |
|---|---|---|
| 850 hectares en coton, à 600 fr............... F. 150,000 | | |
| 250 — en tabac, à 600 fr.......o. ..... 150,000 | | |
| 500 — en sésame ou colza, à 700 fr....... 350,000 | | |
| 1200 — en blé, à 20 hecto par hectare, 24,000 hectolitres, à 10 fr....... 240,000 | | |
| 1200 — en orge, à 25 hecto par hectare, 30,000 hectolitres à 7 fr........ 210,000 | | |
| 525 — en prairies (pour mémoire). | | |
| 500 — en pommes de terre, à 200 quintaux par hectare, 100,000 quintaux, à 5 fr...................... 250,000 | 1,634,200 » | |
| 400 — haricots, pois, fèves, etc., à 200 fr.. 80,000 | | |
| 700 — vaches laitières, à 40 c. par jour... 102,200 | | |
| 300 veaux vendus an boucher, à 30 fr......... 9,000 | | |
| 3750 moutons — à 10 fr.......... 37,500 | | |
| 12000 toisons, à 1 fr. 50. ................... 18,000 | | |
| Œufs, volailles, porcs, à 1,500 fr. par ferme... 37,500 | | |

| | |
|---|---|
| Intérêts sur 1,500 des 1er septembre 1854 et 1er septembre 1855 | 90,000 » |
| | 2,532,800 |
| Dépenses de la neuvième année............. F. 800,000 { Payé au propriétaire.................... 300,000 { | 1,100,000 » |
| Reste en caisse au 1er septembre 1855..... | 1,432,800 » |
| Placement de 500,000 fr. sur propriétés par première hypothèque............................................... | 500,000 » |
| Reste en caisse au 1er septembre 1855..... | 932,800 » |

## Suite du Tableau des Dépenses.

*Report*............ F. 9,392,500

### DIXIÈME ANNÉE.

Mêmes dépenses que pour la neuvième.................. 800,000 »

Total général des dépenses............... F. 10,192,500 »

## Suite du Tableau des Produits.

| | | |
|---|---|---|
| En caisse au 1er septembre 1855........... | F. 932.800 | » |

### DIXIÈME ANNÉE.

Cette dernière est calamiteuse, la sécheresse, les sauterelles et le mauvais temps ont considérablement diminué nos récoltes, mais leur variété laisse néanmoins quelques produits que nous

| | | |
|---|---|---|
| porterons à 600,000 fr. au lieu de 1,430,000 fr.............. | 600,000 | » |
| Quant aux produits de la basse-cour, ils restent les mêmes.... | 204,200 | » |
| Récolte de la feuille de 20 à 25,000 mûriers............... | 13,000 | » |
| | 1,750,000 | » |
| Intérêts sur 200,000 fr du 1er septembre 1855 au 1er septembre 1856, à 6 p. 0/0......................... | 120,000 | » |
| | 1,870,000 | » |
| Dépenses de la dixième année............. F. 800,000 / Payé au propriétaire.................... 300,000 \ | 1,100,000 | » |
| Reste en caisse au 1er septembre 1856........... | 770,000 | » |

## RÉCAPITULATION.

| | | |
|---|---|---|
| Recettes pendant 10 ans, à 300,000 fr. par an ............. | 3,000,000 | » |
| 5,000 hectares de terre plantés d'arbres et semences, à 1,000 l'hectare.................................... | 5,000,000 | » |
| Bâtiments (pour mémoire). | | |
| Troupeaux et matériel...... | 800,000 | » |
| Argent en caisse ............. | 770,000 | » |
| | 9,570,000 | » |

www.ingramcontent.com/pod-product-compliance
Lightning Source LLC
Chambersburg PA
CBHW070929280326
41934CB00009B/1804